# JEITO DE
# moça

**Hoo Editora Ltda.**
Rua do Bosque, 1589 – Bloco 2 – Conj. 605
Barra Funda – Cep: 01136-001 – São Paulo/SP
Telefone/Fax: (11) 3392-3336
www.hooeditora.com.br
E-mail: contato@hooeditora.com.br
Siga-nos no Twitter: @hooeditora

PIETRA DE PINHO

# JEITO DE moça

*Jeito de Moça*



Diretor editorial
**Luis Matos**

Coordenadora Editorial
**Rayanna Pereira**

Preparação:
**Jadson Gomes**

Revisão:
**Diana Brito**

Capa
**Rebecca Barboza**

Imagem de Capa
**Tiago Zani**

Diagramação
**Renato Klisman**

Dados Internacionais de Catalogação na Publicação (CIP)
Angélica Ilacqua CRB-8/7057

P723j

Pinho, Pietra de
Jeito de moça / Pietra de Pinho.
— São Paulo : Hoo Editora, 2018.
144 p. : il., color.

ISBN: 978-85-93911-18-7

1. Pinho, Pietra de,1997- Biografia 2. Lésbicas - Biografia
4. YouTube (Recurso eletrônico) I. Título

18-0450 CDD 920

Índices para catálogo sistemático:
1. Biografia

*Para minha família,*
*minha irmã e para meus fãs.*
*Obrigada por tudo.*

# Sumário

# 01

# Os começos

**Posição do sol propensa à energia criativa** e a um brilho pessoal peculiar dos sagitarianos; ascendente compatível com o sol; lua efervescente em Escorpião; jogo do Corinthians, campeão contra o São Paulo em 29 de novembro de 1997.

Meu pai estava no Pacaembu, como era de se esperar, no jogo; e eu, nascendo no hospital Albert Einstein.

Eu não fui uma criança planejada e esperada por toda a família. Como resultado disso, eu fui extremamente mimada. Não *desgosto*, pelo contrário, todo o amor recebido me tornou quem eu sou hoje.

A história do primeiro *look* do bebê é bem curiosa, daquelas que a gente conta para todo mundo. Minha mãe pediu para o meu pai ir em casa e pegar o macacão amarelo para ser a minha primeira roupinha, só que o meu pai achou muito longe e, ao sair do jogo, comprou uma roupinha infantil de um simpático ambulante que ali estava vendendo bandeiras, roupinhas e camisas do time campeão. E foi assim, gente, que eu dei o meu primeiro E AÍ, GALERA! para o mundo corinthiano.

Morei em São Paulo até os meus quatro anos com meus parentes, que foi quando a minha irmãzinha nasceu. Como ela tinha necessidades especiais de locomoção, minha família — minha mãe, avó e irmã — decidiu se mudar para o interior, para uma pacata cidade de nome Pindamonhangaba, aquela bem ali, perto de Taubaté. Em breve, vocês saberão que foi a cidade de um dos meus maiores traumas. Suspense. Eu e minha família morávamos em um sítio, lugar tranquilo, no qual vivi uma boa infância e também adolescência. Foi em Pinda, apelido da cidade para os íntimos, que conheci os meus melhores amigos da vida, que aprendi a jogar futebol e andar de skate, que me afirmei como pessoa, que dei meu primeiro beijo.

Na minha infância nos interiores, a facilidade do contato com a natureza possibilitou uma familiaridade e amor sem fim por coisas simples e também por bichos um tanto quanto esquisitos socialmente, como os lagartinhos; vou falar deles mais para frente. Adoro e sei que foi pela minha vivência que descobri a beleza deles, fora o convívio com animais domésticos, como gatos e cachorros. Nessa época, eu amava subir em árvores. Quando criança, já cheguei até a levar duas corujas para escola... Tudo muito tranquilo. Parece até biografia de cantor sertanejo, não é mesmo?

*Enfim, eu sempre fui uma criança um tanto quanto esquisita, diria que gótica suave.*

Quando a minha mãe me teve, ela tinha 24 anos; e minhas tias, 20 e 22. Por isso, comecei a conviver muito cedo com pessoas adultas. Sabe aquela criança sabichona? Prazer, eu mesma! Fora que a minha mãe fazia faculdade de Ciências Sociais na época e tinha uma forma muito descolada de lidar comigo.

O meu aniversário de 2 anos foi um marco na minha vida, pois eu sempre adorei os desenhos animados da Disney, mas esse particularmente foi ótimo, porque eu era alucinada pela Branca de Neve e minha família contratou todos os personagens. Nesse dia, eu tinha certeza de que estava na casa dos sete anões. Antes de Pinda, entrei na pré-escola e, em um belo dia, entrando na piscina de areia, conheci meus melhores amigos: Hugo, Rafaella, Malu e Thais. Eles são meus BFFs até hoje, pessoas que marcaram e ficaram na minha vida, a família que eu escolhi.

Outra coisa que marcou muito a minha infância é que eu não estava dentro dos padrões do que era "ser menina". Eu sempre fui vista como esquisita pelos meus gostos e corte de cabelo curto, coisas que eram possíveis, porque a minha família era muito liberta do apego por padrões e meus amigos também. Por falar em família, vocês já devem conhecer a minha mãe e a minha avó, porque elas sempre aparecem nos meus vídeos. Sou muito apegada à minha avó, ela é demais. Quando precisei que ela me compreendesse, ela estava lá. Adoro o vídeo do depoimento dela lá no canal.

Já contei sobre a minha irmã também. Foi por causa dela que convivi de maneira mais intensa com a minha avó. Ela demandava muitos cuidados e a qualquer hora precisávamos sair correndo com ela. Para que não houvesse nenhuma tensão em mim, eu acabava ficando mais com a minha avó. Então, esse elo foi se mantendo e até hoje ela é o meu xodó.

Até os quatro anos, eu fui filha única e não teve um só dia em que não pedisse um irmãozinho ou irmãzinha para minha mãe. Até que um dia a notícia mais esperada da vida veio e ela chegou em forma de um bebê lindo. Minha irmã é a minha realização de infância. Ela nasceu com alguns problemas cardiorrespiratórios e cognitivos que prejudicavam a sua locomoção, fora outros problemas de saúde. Minha mãe me explicou por alto na época, eu era uma criança, mas sabia que ela viria com uma sonda que imitava um elefante. Então, quando fomos pegá-la no hospital, para mim, estava buscando meu bebê elefante e estava radiante.

Minha irmã era uma criança especial. Ela não conseguia andar como qualquer criança nem comer ou falar, tudo era muito difícil. Isso tudo por causa de uma síndrome que até hoje não sabemos bem o que é. Eu só queria brincar com ela. Crescemos muito próximas, então nunca houve diferença no meu olhar para a minha irmã. Porém, situações bizarras aconteceram, coisas como chuva de olhares em qualquer passeio no shopping, sem falar na dificuldade em sair de casa. Como sabemos, nosso país não foi feito para todos, existe muita dificuldade para quem tem problemas de locomoção, coisas que sentimos bem na pele quando alguém tão próximo, como a minha irmã, passa por problemas e não há o que fazer. O preconceito foi tanto que até sofri com mãe de amiga minha proibindo que ela fosse em minha casa por medo de que minha irmã transmitisse algo. Ignorância pura e bem cruel. Ela foi uma guerreira e, desde o início, me ensinou o que há de mais belo e gentil. Para ela, eu dedico todo o sentido do meu trabalho.

Eu já estava acostumada com as suas idas repentinas aos médicos, até que um dia, quando eu estava no primeiro ano do ensino médio e ela tinha 12 anos, ela foi parar no hospital muito mal e, embora soubesse da sua resistência e força, que ela sempre superava, dessa vez o tom era mais complicado. Minha avó me mandou uma mensagem dizendo que ela estava muito mal e, quando cheguei em casa, soube que a ambulância tinha quebrado, havia faltado oxigênio, e que precisávamos ir a São Paulo sabendo que ela não voltaria com a gente. Muito pesado. Esse trajeto pareceu durar mais ou menos mil anos. E ela, meu presente, meu amor, não voltou para casa, para as nossas conversas. Mas ela está aqui dentro de mim. Se não fosse por ela, eu seria totalmente diferente. Maria Rita, desculpa se fui egoísta, me desculpa por ter cedido ao medo de te perder. Tudo isso é para você, é por nós.

Ela foi uma
guerreira e, desde
o início, me ensinou
o que há de mais
belo e gentil.

Voltando aos outros papos sobre meu eu criança, minha mãe é formada em Ciências Sociais, mas é professora de Yoga, meu pai é super do esporte. Hoje em dia, ele mora em Florianópolis e surfa. Eles se separaram quando eu tinha sete anos, e ele foi para lá. Eu sempre fui do esporte também, surfava, andava de skate e jogava muito bem futebol; o futebol, aliás, sempre esteve na minha vida, desde o meu nascimento, lembram? Macacão do Corinthians, totalmente predestinada.

Sempre fui uma criança muito comunicativa, alegre e andava constantemente no meio dos adultos. Como as minhas tias tinham por volta de vinte e poucos anos quando eu nasci, eu ia ao cinema com elas. Na infância, me considerava uma criança muito culta, porque a minha família sempre foi muito culta e instruída, sempre estávamos nesse meio cultural. Eu era uma pessoa muito inteligente, embora sempre muito distraída e dispersa por conta do meu Transtorno de Déficit de Atenção com Hiperatividade (TDAH), sou medicada e a Ritalina (remédio usado para pessoas como eu) me deixa muito ansiosa, mas, quando eu quero estudar uma matéria de um ano inteiro em uma semana, eu tiro dez. Não recomendo, isso é somente para profissionais.

Sei que muitos de vocês que ainda estão na escola e não prestam atenção, se distraem e sentem muito sono nas aulas podem pensar que têm TDAH, mas vão com calma, gente, peçam ajuda aos seus pais, para que sejam diagnosticados corretamente, porque é um transtorno sério, tratado com remédio pesado, que tem que ser tomado com responsabilidade e supervisão. Nunca se esqueçam que esse período de adolescência é mais complicado mesmo, dá muito sono, muito hormônio, mas coragem. Logo, logo vocês chegam na faculdade. Nossa, chega desse papo de remédio, né, galera?

Fiquei pensando em como dar início a um livro e nada melhor do que falar um pouco da minha infância esquisita, porém, boa. Muitos de vocês perguntam: "E aí, Pietra, como foi a sua infância? Como você era criança? Você se encaixava nos padrões? Você era uma criança normal?". Eu gostava da Barbie, mas não gostava de rosa, amava jogar bola e correr na rua e, modéstia à parte, eu era muito boa jogando futebol.

Sei que adoram as minhas histórias de vida, elas são bastante engraçadas, mas vou falar de um assunto que está presente na vida de todos nós que passamos pela escola: o *bullying*. Essa linda palavra em inglês que traduz os nossos piores pesadelos.

Quando eu mudei de escola na segunda série, muitas coisas aconteceram. Depois dessa época, meus pais me colocaram em uma escola cult conceitual em uma cidade próxima, Taubaté, onde eu não me encaixava e achava todo mundo muito metido a besta, além de ser um pouco longe da minha casa. Todo *bullying* possível, eu sofri lá. Eu nunca tinha dado problema na escola, então aos 9/10 anos, quando estava na terceira série, foi o pior período. Eu não brincava com ninguém, não tinha ninguém, me chamavam de menino e me excluíam sempre. Eu ficava muito no meu canto, menos na hora do futebol, nessa hora eu me destacava, aquelas crianças embustes gritavam o meu nome. E detalhe: eram aquelas mesmas crianças que me chamavam de *little people* e *playmobile*.

Num dia, me trancaram no banheiro e, no meio dessa confusão, eu passei uma das piores humilhações da minha vida, algo que me traumatizou até hoje. O maior trauma da minha vida começou depois de uma aula de Educação Física. Eu fui ao banheiro para secar o suor e fazer xixi, entrei em uma das cabines, nessa hora o banheiro estava muito vazio. Fiquei mais relaxada e tirei a camisa que eu estava vestindo, porque sentia muito calor e estava muito suada, e deixei pendurada na porta da cabine. Depois eu percebi que as meninas que me zoavam tinham trancado a porta por fora. Até hoje eu não entendo como isso aconteceu, porque a tranca era por dentro. Depois, elas sumiram com a minha camisa que estava pendurada na porta do banheiro, juro, naquele momento eu entrei em pânico, como se me faltasse o chão, sabe? Vocês já se sentiram assim? Me faltou o ar, eu não sabia o que fazer, em uma fração de segundos a minha cabeça rodou e pensou em toda a desgraça que podia acontecer comigo, e é isso, aconteceu. Eu comecei a socar a porta e a gritar. A moça da faxina abriu a porta e as meninas, que nessa hora lotaram o banheiro — porque desgraça nunca vem sozinha —, começaram a gritar que tinha um menino no banheiro das meninas. A tia da limpeza me puxou pelo braço. Eu só senti aquelas unhas me pegando forte, me arrastando, a minha cabeça girava e parecia que um dementador estava sugando a minha alegria e a minha alma. E eu falava repetidas vezes que eu era uma menina, mas as pessoas pareciam não me ouvir, o desespero foi tomando conta de mim e em um movimento brusco e urgente abaixei as minhas calças e gritei: "Tia, tenho pepeca!".

O silêncio repentino se fez e eu, que já estava sem camisa, fiquei sem calça naquele segundo eterno de humilhação. A moça da limpeza olhou pra mim e disse com uma voz embargada pela vergonha: "Desculpa!".

Hoje em dia, eu agradeço a inexistência do 3G e os celulares não serem tão modernos, porque eu teria sido um viral e a minha humilhação ia se estender muito mais. Agora vocês me perguntam: Pietra, a diretora chamou os responsáveis por isso? Chamou os seus pais? Alguma coisa foi feita para sua sensação de injustiça ser menor? Eu respondo a vocês: NÃO. Na época, eu também tinha vergonha de minha avó saber que eu fui confundida com um menino, sabe? Eu era uma criança. Esse episódio todo só serviu para me traumatizar, porque até hoje não vou em banheiros públicos, eu prendo o meu xixi até não aguentar mais. Aí eu penso que quem sobrevive à escola sobrevive na vida numa boa.

Na escola, ninguém fazia questão de ser meu amigo, de me incluir. Sabe aquela criança que, quando chega a hora do trabalho em grupo, fica por último, e a professora vai perguntando nos outros grupos se você pode fazer parte dele? Pois é, essa era eu, uma menina muito quieta e de cabeça raspada. Eu raspei a cabeça, porque uma amiga da minha tia teve câncer e eu fiquei muito tocada com a história dela, entrei na onda de me solidarizar mesmo. Do outro lado, tinham as meninas da minha idade, sem peito, mas que usavam sutiã de bojo e gloss.

Tentei ser expulsa dessa escola de todo jeito, até que consegui. Em uma das aulas em grupo, fui excluída de novo, e uma menina puxou a minha cadeira. Sem querer, bati a cabeça dela na cadeira e, então, já sabem. Adeus, escola.

Fui para um colégio em Pinda mais focado no vestibular. Tentei ser diferente, ser aceita, não sofrer o que sofri, então comecei a me adaptar para me encaixar no padrão de feminilidade que era aceito, ou seja, cabelos longos, roupas justas, ficar com meninos e tal.

Reencontrei as minhas amigas, me apaixonei por História, que ainda é a minha matéria preferida, e vivi minha adolescência tentando me ajustar. Eu sentia que era diferente, mas abracei aquele papel que me tirava da zona de guerra. Até aí tudo bem, perdi o meu BV nessa época. Com 14 anos, é difícil ser bonito, mas tinha um menino na minha escola que as meninas achavam ÓÓÓ, aí respirei fundo e escolhi aquele que me levaria para o lado hétero da força. Comecei a usar sutiã de bojo para parecer mais volumosa, porque, embora atlética, eu era menos desenvolvida. Como ele namorava, eu comecei a ser muito amiga dele, só que com interesse.

No dia 06 de setembro de 2012, nono ano, lua cheia (estou zoando, nem sei), festa de 15 anos rolando e eu esperando a oportunidade para... isso mesmo, beijar. Eu era viciada em jogo de videogame e jogávamos sempre um jogo chamado Slender, e ele me chamou para caçarmos Slenders. Pensei: vai rolar! Fomos ao bosque, abraçados — nossa relação era bem estranha —, e ele me perguntou se eu queria perder o BV — veja só o romantismo, meus caros, ele perguntou. Eu, muito sincera, sagitariana, disse que não sabia beijar — oremos —, mas que queria. E aí, mano, ele me beijou numa árvore em um bosque. Adorei, pois havia perdido aquilo que me acompanhou por uma vida: o BV.

Tá certo que saí cuspindo na rua, não porque eu não tenha gostado, mas eu tenho um problema com saliva, odeio, detesto, sofro, por isso não bebo no mesmo copo de ninguém. Isso não prejudicou o escândalo das minhas amigas, elas gritavam que eu tinha perdido o BV, e tinha mesmo, merecia uma medalha. Agora eu era adulta, sem boletos para pagar, mas adulta. Me deviam respeito.

A gente ficava às escondidas. Ele era minha paixonite secreta, porque na cara dos outros éramos *brothers*. Sofri, chorei, ele mudou de escola e eu comecei a ficar com outras pessoas.

Tudo bem que os meninos não chegavam em mim porque me achavam meio masculina, mas dava-se um jeito.

Aos 15 anos, um menino apareceu em Pinda e eu achava ele maravilhoso, queria muito ficar com ele. Em uma festa, ele me deu mole e pediu para eu esperar, pois queria falar comigo. E ele me beijou na frente de todo mundo. Me senti a adulta desejada. Ele falava que eu era uma menina muito diferente... Parece até que ele era vidente, não é mesmo?

Conversávamos muito, mas não nos beijávamos, jogávamos videogame juntos. Ele me deu flores, aliança e começamos a namorar. Tinha vergonha de falar com a minha família, mas falei. Ele era mais adulto, bebia e fumava, eu achava isso meio assustador. Ele era dois anos mais velho que eu. Foram, então, sete meses de relacionamento. Comecei a ficar com preguiça dele, de beijá-lo. Eu não tinha vontade de tocá-lo, sentia nojo das conversas sexuais das minhas amigas heterossexuais. Ele falava que eu tinha que ser mais feminina e eu mandava ele para lugares nada legais e assim foi o início, meio e fim. Eu estava mudando de escola e recomeçando. Então, meio que estava cagando para tudo aquilo. Ele tinha ficado com uma menina em uma festa em que eu estava, eu o perdoei, só que não deu certo, e a escola para qual me mudei era a escola dessa menina.

Então, resumindo rapidamente para não perder o fio da meada: em Pinda, como é mais fácil de dizer, eu morei a partir dos meus quatro anos. Na verdade, eu nasci em São Paulo e depois me mudei para lá, um paraíso perto de São José dos Campos. Lá, comecei uma vida muito feliz com meus amigos na pré-escola, nós comíamos areia, formiga, dançávamos Rouge com a roupa da Lilica Repilica. Eu era muito nerd naquela época, até chorava quando tirava um sete na prova. Hoje em dia, quando isso acontece, é pra glorificar de pé. A vida na faculdade vai começando a ficar difícil. Prontos para a pausa dramática?

Nessa escola, eu era conhecida como a ex-@ de fulano. Mas as pessoas eram mais descontraídas, tinha até um grupo com gay e sapatão, e eu estava naquela fase do AI-QUE-NOJO-MULHER-BEIJANDO-MULHER. Mundo louco esse, gente.

Comecei a me soltar um pouco mais e a me questionar: SERÁ QUE SOU?

Eu odiava todo dia 14, sempre acontecia alguma coisa ruim. Aquele carma do dia 14. Até que no dia 14 conheci a Ju e decidimos que essa seria a nossa data de namoro. Num desses dias — 14 de junho para ser mais exata —, eu estava em uma festa junina e tinha começado a beber nessa época. Uma menina que achava que eu era lésbica ficou me olhando a festa inteira. Eu lembrava que tinha jogado futebol com ela. Fiquei pensando no porquê de ela estar me olhando. Quando cheguei em casa, ela tinha me enviado uma mensagem no Facebook perguntando se eu estava bem, porque eu parecia distraída na festa. Eu disse que tinha visto meu ex-namorado com outra e blá-blá-blá. Ela me disse que eu deveria ter ficado com outro ou com outra, ou até mesmo com ELA na festa. Ai, né, *amey* o flerte, foi louco, começamos a conversar bastante. Fiquei nervosa, porque com quem iria conversar em Pindamonhangaba? Não conhecia ninguém assim.

Mas foi lá que também tive meu primeiro beijo com uma menina, que foi de fato quando eu me senti perdendo o meu BV. Apesar de ter perdido com um menino que eu gostava, não tinha sentido nada de especial.

No dia 4 de julho, Copa do Mundo, fomos assistir *Transformes* e nos beijamos. Foi meu primeiro beijo lésbico, eu tremia, me sentia muito bem, parecia que estava perdendo o BV de fato. Para quem contar? Não sabia. Foi difícil assimilar tudo o que estava acontecendo. Falava aquelas coisas que me absolveria e me manteria hétero, coisas do tipo: não vou ficar com menina nenhuma, só com essa.

Comecei a gostar dela, mas ela era assumida, e eu fiquei com muito medo. Fomos a uma festa juntas, e eu larguei de lado tudo e fiquei com ela lá. Jogávamos futebol juntas, ficamos juntas um tempo. Eu só com ela, e ela comigo e mais dez. Comecei a ficar com uns meninos também, porque, afinal de contas, eu não era lésbica, era só com ela, tinha que recompensar o beijo em meninas beijando meninos. Só que conheci outra garota, começamos a ficar, e achei que eu era bissexual. Comecei a me descobrir e a ficar com mais meninas. E essa, que era a segunda menina que eu tinha ficado, ficou meio de saco cheio dizendo que eu não queria nada com nada. Deixei de lado e comecei a curtir.

Cortei meu cabelo de novo, me deixei usar o que sentia confortável, não me padronizei mais. Fui bem recebida na minha escola por meu grupo de amigos, que tinha gays e meninas lésbicas. Eu, com 17 anos, voltei a me sentir bem comigo mesma.

Minha mãe descobriu que eu era sapatão de um jeito bem ruim e difícil. Ela estava em um bar, conversando com dois amigos meus. E um disse: queria beijar a Pietra, mas ela beija mais meninas do que eu. A minha mãe ouviu e me colocou na parede, eu falei e ela surtou. O assunto foi tabu, ficou um climão, mas consegui ir desconstruindo e hoje é bem tranquilo.

Eu não queria ser lésbica. Ficava com uma menina e acaba ficando com vários meninos para "compensar". Só que percebi que isso era muito forçado da minha parte. Então, aceitei que não queria mais ficar com meninos e que deveria ficar bem com a minha sexualidade. E aí fiz 18 anos, faculdade, YouTube. E a vida foi acontecendo.

UNIVERSAL STUDIOS®
SCENE
TAKE
ROLL
DATE
PROD.CO.
SOUND
DIRECTOR
CAMERAMAN

# 02

# A vida adulta de uma youtuber

**Em São Paulo,** quando me mudei pela segunda vez, comecei a conhecer mais nichos lésbicos, sair mais e conhecer outras possibilidades. Isso me impulsionou a criar mais e a ter o canal no YouTube mais focado em alguns temas. Poderia acabar por aqui, mas vou explicar melhor.

Guardem esta informação: a minha mãe sempre foi muito ligada à Astrologia, falávamos muito disso, ela me ensinou boa parte do que eu sei e eu sempre fui muito curiosa, ficava querendo saber mais e tal. Então, eu gostava bastante de signos, de entender cada um e as suas particularidades.

Quando conhecia pessoas, antes de fazer amizade, perguntava o signo — sou a amiga do mapa astral. Fora que, nas redes sociais, eu compartilhava pequenos vídeos sobre signos, usava muito o Snapchat para isso. Eu juntei aquilo que eu gostava com aquilo que eu gostava mais ainda.

Em minha infância, quando era criança, fazia várias apresentações em casa para os meus familiares. Então, sempre atuava e conversava com o "público", no caso aqui um público particular residente no meu lar mesmo. Mas, enfim, pequena atriz eu.

Guardaram? Então, ok, próximas informações.

Eu estava no terceiro ano, não estava me apegando a ninguém e a minha vida estava toda focada em mim mesma. Até porque as descobertas que formaram quem eu sou vieram mais nessa época, nesse período que eu tive comigo mesma, inclusive recomendo um período assim. Era época de vestibular e eu estava fazendo as provas e decidindo o que escolheria, pois passei em todos os cursos que queria, amém. A gente vai falar disso daqui a pouco, porque vestibular, o que você vai fazer pelo resto da sua vida, é um tema bastante importante. Até cheguei a namorar uma garota a distância, mas nada que eu levasse a sério.

Como eu já falei, eu sempre fui uma criança reprimida, mas não em casa, e sim na escola e nos ambientes públicos, porque eu era diferente das meninas, eu fugia desde cedo da feminilidade padrão. No entanto, em casa, foi me dado o direito de ser quem e como eu quisesse. Então, sempre fui muito desenvolta, falava bastante e tal. Consegui desconstruir toda aquela repressão da infância quando eu tive esse tempo para mim, me assumindo, me delineando, e aí começa sempre aquela percepção dos amigos. Você escuta uma coisa aqui, outra ali, essa coisa de youtuber começando e tudo mais. Fiz tudo muito despretensiosamente. Vou lembrar aqui para vocês: EU NÃO FIZ PLANO DE CARREIRA, NÃO ABRI FIRMA, NÃO CRIEI UMA MARCA, MUITO MENOS ASSISTI AO *PEQUENAS EMPRESAS E GRANDES NEGÓCIOS*. Eu fiz um vídeo como quem faz qualquer coisa na vida, sei lá, almoçar.

Tive a ideia de postar um vídeo no Facebook, sem intenção nenhuma, só postar mesmo, curtição. Nesse vídeo, eu falava sobre signos — estão ligadas na informação guardada lá em cima? — e, sem que eu tivesse algum controle, o vídeo viralizou.

Nesse auê todo, eu tinha prestado vestibular, passado e escolhido para onde queria ir, então fui morar com o meu avô em São Paulo e foi incrível essa decisão. Tudo que eu gostava e todas as coisas que eu queria estavam nessa cidade.

Começou um período de liberdade maior, fui tirar a carteira de motorista e, como vocês bem sabem, não passei por motivos de: não sei fazer baliza. Então, entrei na faculdade de Rádio e TV, mas agora faço Artes Cênicas. Tudo isso com os vídeos do canal acontecendo.

De primeira, assim que coloquei o vídeo no ar, fiquei vendo os *views* e, na moral, quase ninguém assistiu, fiquei chateada. Não porque eu queria ser uma *popstar*, a Beyoncé de Pinda, não... Mas fiquei pensando na merda de ter feito uma coisa que ninguém havia gostado. A gente sempre faz alguma coisa pensando se vai agradar e, quando não agrada, anos de tristeza vêm. Então, pensei em tirar do ar, mas fui dormir, graças ao universo. Quando acordei, antes de escovar os dentes, vi que tinham crescido as visualizações, já fiquei como? Igual a um pinto no lixo. Fui deixando, e cada dia mais crescia o número de *views*. Entendi, então, o que era ter um vídeo viralizado. As pessoas falando comigo, agora, sim, despretensiosamente Beyoncé de Pinda.

Quando comecei, o meu primeiro vídeo tinha tido, sei lá, quinze visualizações e nenhuma curtida, pensei em desistir, tirar o vídeo do ar. Fui dormir com a cabeça cheia de dúvidas e inseguranças, pensando: "Que droga, ninguém gostou!". No dia seguinte, quando liguei o computador e abri o Youtube, as visualizações tinham pulado para a casa dos milhares e as curtidas também. Nossa, eu fiquei muito feliz. Gente, todo mundo tem um público. Se você quiser falar, sempre vai ter alguém que vai precisar de seu conselho ou rir das suas histórias.

Então, montei um fluxo, comecei a pesquisar mais, a conversar mais sobre *crushes*, términos, pegada... Tudo de cada signo. Fiz um material que dá para você se virar pelo resto da vida. Inclusive, vou colocá-lo no próximo capítulo. Tudo montado por muitos anos de pesquisa e teste.

Depois, vi a necessidade de abordar temas mais específicos, como a minha sexualidade, meus gostos, até para que ninguém se sinta só. O canal é para os que já me conhecem terem a sensação de que estão mais perto de mim e os que não me conhecem ficarem por dentro do meu mundo. Para os que me perguntam: "como faz para ser youtuber?", eu digo e repito: façam o que vocês gostam sempre, não sejam embustes. Sejam vocês mesmos que o sucesso vai vir. Ou não, aí você se vira. Estou brincando, gente. Sucesso é uma coisa muito relativa. Tomem cuidado com isso, não tornem isso o único objetivo de sua vida, pois frustração é algo muito doloroso.

Resumindo a ópera: um belo dia, eu pensei que poderia contar as minhas histórias e dividir com as pessoas interessadas tudo pelo o que eu passei e, foi assim, fiz um vídeo sobre signos e comecei a achar muito legal saber que tinha gente que me assistia, me ouvia e ficava bem, que eu ajudava a fazer com que aquelas pessoas não se sentissem sozinhas no mundo. Essas pessoas viam os meus vídeos e falavam comigo, e trocávamos ideias e era isso: me divertia com histórias engraçadas, mas também dava um suporte quando o assunto era mais sério.

Poderia dizer que tinha planos, metas e objetivos, traçar uma linha que, se todo mundo fizer, vai virar um(a) youtuber, mas, cara, não foi assim. Então, vou começar e terminar dizendo que não sei o porquê, só sei que virei uma youtuber. Comecei a gravar porque eu gostava, fazia uma coisa que me deixava bem, sabe? Comecei a falar de Astrologia, de signos. Eu era eu mesma e ainda sou. Eu quero divertir vocês que me seguem nas redes sociais e, é claro, às vezes, tratar de assuntos mais sérios e tal, coisas que estão aí na vida e que são muito importantes, como homofobia, feminismo, assédio, aceitação e descobertas.

Não faço roteiro e não programo muito, isso serve para o meu livro e para os vídeos, paro e penso no que aconteceu no meu dia ou no que tenho vontade de falar no momento. Senão, não seria eu.

Se vocês pensarem bem, quando estudamos e falamos em voz alta, nós memorizamos melhor, entendemos algumas coisas, pontuamos e tudo fica mais claro. Fazer vídeo, escrever, falar consigo mesmo na frente do espelho é algo libertador. Aos poucos, você vai se descobrindo e eu indico que realizem alguma coisa dessas. Sério, gente!

Evoluí muito desde o meu primeiro vídeo. Naquela época, eu ainda tinha um monte de coisas em mim que precisavam ser desconstruídas. Preferia ser sereia a sapatão. Fugia das perguntas, fugia o tempo todo. O foco ainda não mudou, ainda é a diversão, mas, vejam só, dá para falar das duas coisas tranquilamente. Foi um processo que, se não fosse a ajuda de vocês, sinceramente, teria sido doloroso e não tão gostoso como foi. Isso é quase uma terapia, depois me mandem a conta de vocês para eu pagar a consulta. Só-que-não.

Obrigada por terem me acompanhado e feito do canal um lugar para dividir alegrias e angústias. Tomara que eu tenha servido da mesma maneira que vocês me serviram. O Universo é uma troca constante, então tento jogar tudo de melhor que eu tenho para vocês e, em contrapartida, sempre recebo o melhor. Viram só? Sem fórmula mágica, sem passo a passo. Tudo tranquilo, dentro do que era ser uma pessoa normal que queria fazer uma graça ali, conversar com mais gente aqui. Uma ideia boba, mas que mudou a minha rotina, meus hábitos, tudo meu.

Eu continuo sendo
Pietra de Pinho,
só que agora sempre
bem acompanhada.
Valeu, galera!

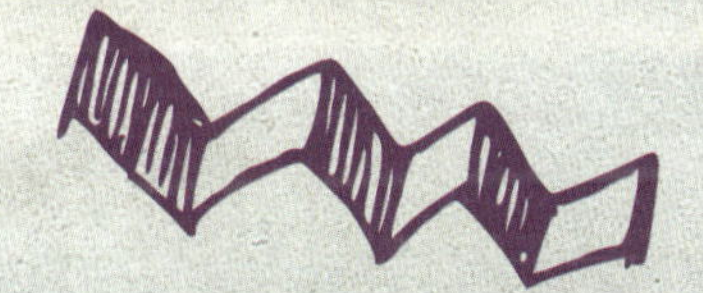

# Manual prático dos signos

**Galera, este capítulo é sobre** o que me fez entrar no YouTube e começar um canal: signos! Eu amo esse assunto e estudo bastante.

Lembram do manual que vai resolver boa parte da sua vida? Segue ele.

Vamos começar entendendo o que é um mapa astral.

O mapa astral mostra a posição exata dos astros e dos signos do zodíaco em relação à Terra no momento em que uma pessoa nasce. De acordo com a Astrologia, a posição dos astros no instante em que nascemos influencia a nossa personalidade. O mapa astral é representado no formato de um círculo dividido em doze casas, cada casa corresponde a um aspecto da nossa vida. A casa um fala sobre a profissão, o que você quer ser profissionalmente, como é sua relação com a profissão e o seu êxito; a casa dois fala sobre o dinheiro; a casa três fala sobre os estudos; a casa quatro fala sobre a família; a casa cinco fala sobre namoro e o sexo; a casa seis fala sobre saúde; a casa sete fala sobre relacionamentos; a casa oito fala sobre herança, ou seja, como a pessoa lida com suas posses, como partilha o próprio dinheiro e também fala sobre comunicação; a casa nove fala sobre exoterismo e religião e como você se relaciona com esses elementos; a casa dez, também chamada de "meio do céu", fala sobre a carreira; a casa onze fala sobre as possibilidades de se doar ao outro e sobre altruísmo; e, finalmente, a casa doze fala sobre a espiritualidade e os inimigos ocultos.

Gente, a minha intenção aqui é explicar brevemente como funciona o mapa astral, para vocês entenderem um pouco mais dessa minha paixão.

No mapa, temos o signo solar. No meu caso, é Sagitário, o que significa que o Sol estava na casa de Sagitário no dia em que eu nasci. É, gente, dia 29 de novembro de 1997, às 6h50, o Sol estava na casa desse signo maravilhoso que é Sagitário, e isso explica um pouco da minha personalidade até os 26 anos, porque a Astrologia diz que, depois dessa idade, o que rege você é o seu ascendente (para mim, dá no mesmo, porque meu ascendente também é Sagitário). O ascendente é o signo do zodíaco que estava no horizonte no momento do seu nascimento e que representa as características da pessoa desde o momento em que ela veio ao mundo.

No mapa astral, também temos o nosso signo lunar, que fala sobre o lado emocional. A minha Lua é em Escorpião, o que significa que sou reservada e difícil de ser enganada, pois pessoas que têm a Lua em Escorpião são muito desconfiadas; precisamos estar no controle e nos sentir fortes e independentes. Somos impulsivos e temos a capacidade de convencer os outros a fazer o que queremos. Existe um ponto muito importante na minha Lua, tenho muita coragem para enfrentar situações difíceis, eu me mantenho firme.

E, finalmente, chegamos no Plutão do mapa, que representa a morte, a transformação, o poder e o sexo. O signo onde Plutão se encontra mostra de que forma você exerce o poder de liderança e a sua capacidade transformadora. Eu sempre estou à frente dos meus projetos e nunca fico parada, desde a adolescência tenho esse espírito de agitar, colocar as pessoas para cima. Essa é a verdadeira representação do Sagitário em Plutão. Com Sagitário regendo meu Plutão, eu acabo tendo muita necessidade de liberdade e de grandes mudanças, além de um pouco de aventura.

O sagitariano não consegue ficar parado. Eu, por exemplo, faço muitas piadas mesmo nas piores situações, dou uma zoada... Faço piada até em velório. Por outro lado, não consigo levar os projetos até o fim, só me esforçando muito. No meu dia a dia, gosto de lugares cheios de gente e de gente com alto-astral. Se algum amigo não pode sair, eu já procuro outro.

No relacionamento, gosto de pessoas que façam aventuras comigo, não gosto de monotonia.

Pietra no relacionamento: durona que adora uma coisa exótica.

Sou impulsiva e os vídeos que deram mais *views* foram os impulsivos.

No âmbito do trabalho, quero desenvolver projetos que não me deixem trancada em um escritório.

Sagitário tem uma autoestima muito grande, fala muito alto e é de boa.

O mapa astral para mim é uma ferramenta que mostra a nossa vida e as energias que estão em volta de nós; além disso, podemos contar com ele como um instrumento de autoconhecimento. Depois de tanta teoria, que tal simplificar um pouco falando das profissões e dos *crushes* de cada signo? Afinal, foi isso que me trouxe visibilidade na internet.

# As Arianas

**Áries é o signo mais detestado do zodíaco,** por quê? Porque são filhos de Marte, a guerra está presente. Sempre pronta para *tretar*, é assim que uma menina ariana se comporta: tiro, porrada e bomba. Textão *full-time*. Tenho dó de quem comenta algo que não seja agradável na *timeline* das meninas de Áries, elas vão ficar três anos respondendo seus comentários. Elas não param.

As arianas são energéticas, mostram o fogo no signo, estão sempre em movimento e fazem o que querem.

A menina de Áries é muito impulsiva, faz o que quer na hora que quer e não mede as consequências. No trabalho, sempre estão em cargos de chefia; por serem muito mandonas, comandam muito bem equipes.

Naquele diretório acadêmico de faculdade, sempre tem uma que manda em todos. Observem.

A menina ariana é movida pela força da destruição. Sempre está recomeçando e encarando novos projetos.

A ariana como *crush*: ela quer uma companheira que não a critique. A ariana tem uma energia que não combina muito com casamentos e namoros longos, pois é um signo muito intenso e briguento. As pessoas de Áries querem provar o mundo e preferem conquistar novas pessoas a manter relacionamentos antigos. São muito decididas e conseguem sempre o que querem. Para você se relacionar com uma pessoa de Áries, você tem que aceitar a energia dela, nunca bater de frente, senão você nunca vai ficar muito tempo na vida de uma pessoa deste signo. Se você for de briga, ela provavelmente nem vai te deixar entrar na vida dela.

Se a ariana estiver parada e não estiver em constante transformação, pode ter certeza de que tem alguma coisa muito errada.

# As Taurinas

**Touro é o signo lento,** terreno e da segurança. Por ser o signo mais terreno, é muito ligado no ter, nas posses e nos bens materiais. A menina de Touro quer ter casa, carro e é muito focada em tudo isso. Ela também é muito ligada em ter conforto, em comida e em dormir. As taurinas são muito caseiras e amam comer. Pegue a sua taurina pelo estômago. Se você não for de cozinhar, dê a ela muito chocolate e todo tipo de besteira, na verdade, todo tipo de comida.

A taurina também gosta de proporcionar conforto para a pessoa que está com ela, dar casa, comida e roupa lavada. É o lema de uma taurina. A estabilidade também é uma questão muito importante para as meninas de Touro, tanto ter para si quanto para a pessoa com quem se relaciona.

As pessoas deste signo são calmas e pacientes, fazendo com que, normalmente, a taurina consiga tudo que quer, já que não tem problema em esperar o desfecho dos projetos. Essa é uma coisa que a sagitariana, por exemplo, não tem.

Profissionalmente, a menina de Touro busca o prazer constante, por isso ela estará sempre envolvida em coisas que ela goste.

Para conquistar uma taurina, é preciso: calma, estabilidade e comida.

# As Geminianas

**A falsa do zodíaco,** a duas caras, a inconstante, a bipolar, a fofoqueira, ufa... Será que tem alguma coisa boa para falar das lindas geminianas? Claro que tem, eu amo Gêmeos e vou explicar o porquê. Além de ser meu oposto complementar (eu sou do signo de Sagitário), elas são muito agitadas, inconstantes. E bipolar? Também. Isso tudo se dá por conta da atividade cerebral das pessoas do signo de

Gêmeos. Elas sempre estão pensando em mil coisas e projetos. A mina de Gêmeos é aquela pessoa que acha pouco um dia de 24 horas, porque se envolve com muitas coisas, mas não termina nada, deixa tudo pela metade, pois se desinteressa rapidamente pelas coisas, ideias e pessoas. É, gente, a geminiana não se apega no relacionamento, sempre racionaliza tudo, até o sentimento e a relação. Ela vê se vai fazer bem pra si; senão, ela desapega rapidamente.

No entanto, se você está com uma *crush* de Gêmeos, você tem que gostar muito de conversar, tem que ser inteligente e sempre levar novidades para a geminiana, assim ela se atrai pelo seu intelecto e por sua capacidade de despertar coisas que ela não conhece. Se você quer conquistar uma geminiana, leve-a em um lugar que ela não conhece; se for uma viagem, tem que ser um lugar que ela não foi ainda; se for um *datezinho*, tem que ser um restaurante novo e inusitado; leve sempre conhecimento à menina de Gêmeos. Assim quem sabe ela não vai racionalizar menos e se entregar a uma paixão?

A geminiana pode ser uma boa companheira e complicada por ser racional demais, mas são excelentes amigas e conselheiras. A menina de Gêmeos é uma amiga para se levar para a vida, pois adoram conversar, é um signo de pessoas muito comunicativas, que tomam as suas dores e são leais ao extremo.

No lado profissional, a geminiana se dá muito bem em profissões ligadas à Comunicação no geral, como, por exemplo, Jornalismo, Marketing e Rádio e TV.

## As Cancerianas

**Câncer é o signo da memória.** A canceriana vai lembrar de tudo, desde alguma coisa muito boa que você fez para ela até aquele presente que você deu para ela no Natal de 1999. Caso seja algo ruim, se ferrou, pois Câncer é o signo do ressentimento.

As cancerianas são muito sentimentais, maternais e facilmente magoáveis.

Por conta do lado maternal, a mina canceriana vai proporcionar um conforto enorme para você quando for na casa dela, por exemplo, vai cozinhar para você, perguntar seu vinho preferido, seu tipo de filme preferido e você vai ter a melhor noite da sua vida. Se ela não for de cozinhar, vai pedir a pizza que você ama e vai cortar para você.

A canceriana te deixa mal-acostumada. Ela é um risco, porque, se você sai de um relacionamento com uma canceriana, você sai estragada. Ela vai dar tudo de si para te deixar muito bem, eu nem sei como faz para sair de uma relação com pessoas deste signo. Deve ser uma coisa bem complicada. Primeiro, querer sair; segundo, conseguir sobreviver no mundo real sem uma canceriana cuidando de você. Para aquelas que passam por isso, desejo força aí.

A canceriana é muito dedicada nas relações e no que faz. Todos os trabalhos que uma canceriana for fazer vão ficar perfeitos, porque elas se dedicam muito.

Sabe aquela menina de Câncer que você visitou? Então, pensa aí se ela não colecionava alguma coisa, sapatos, bonecos, colares ou discos. As cancerianas têm muita dificuldade de se desapegar das coisas e das pessoas. Por isso, sempre sofrem muito nos términos de namoro.

Não seja grossa com uma canceriana, ela vai chorar e se derreter, pois são facilmente magoáveis. Trate a canceriana sempre muito docemente, seja romântica e ofereça carinho e segurança para ela, assim você vai conquistá-la e ter uma companheira inigualável para o resto da sua vida. Elas se casam cedo ou têm relacionamentos longos.

A amiga canceriana da balada é sempre aquela que recolhe os bêbados e cuida de todo mundo e ainda limpa o lugar que você vomitou, para que a moça da limpeza não seja obrigada a fazer o serviço.

Vou dar um aviso para as cancerianas: não guardem a sua energia, espalhem-na sempre. Não fiquem melancólicas, vocês têm uma facilidade enorme para isso. Sintam muito, mas transbordem muito para não implodirem.

# As Leoninas

**As meninas de Leão** são nada mais e nada menos do que as rainhas da balada, sempre muito vaidosas, arrogantes, orgulhosas e mandonas. A leonina tem um brilho que ninguém apaga.

A pessoa deste signo é muito apegada aos prazeres da vida, é um signo que está em constante evolução e sempre busca ser forte emocional e mentalmente. Por exemplo, um término de namoro não abala uma leonina. Ela também não se deixa levar por tristezas e paranoias. Até tem umas paranoias como qualquer outra pessoa, mas consegue espantar em minutos os pensamentos que nos romperiam noite adentro.

As minas de Leão querem se sentir únicas, porque, para elas, não tem outra possibilidade. Se você quer conquistar uma leonina, se joga no romantismo, jantar à luz de velas, flores e chocolate.

Elas também são muito dramáticas, querem estar na história perfeita, por isso são tão teatrais.

O amor-próprio da leonina vem antes do amor ao próximo, mas são muito românticas quando se trata de conquista.

As leoninas têm muito orgulho do que fazem, não só orgulho próprio, mas orgulho dos seus projetos, e isso projeta muito a vaidade de uma leonina. A mina deste signo é muito empenhada e focada no que faz, por isso, digo uma coisa, tudo que ela se propor a fazer pode ter certeza que vai ficar maravilhoso.

Touro e Leão dão muito certo, porque são signos muito simples, embora a taurina também lide bem com a complexidade das cancerianas. É um signo versátil, mas estamos falando sobre Leão, não é mesmo? Bom, leonina com canceriana é guerra na certa. Não quero nem ver.

# As Virginianas

**As virginianas são do signo...** Como posso dizer? Do signo *cricri*. As virginianas são muito críticas.

Por outro lado, a menina de Virgem é limpa, organizada, metódica, pontual, prestativa, leal e responsável. O que é raro em outros signos.

As virginianas adoram ser úteis e sempre buscam ser, dão muito certo em profissões em que é preciso um alto nível de atenção, cuidado e olhar crítico. Tudo que precise de muito método e detalhe, a virginiana vai desempenhar bem.

A virginiana na balada é aquela pessoa que parece que está te paquerando, mas está prestando atenção na sua camiseta, que tem uma costura torta. Sim, as minas deste signo são metódicas demais e prestam atenção aos mínimos detalhes. Nunca bagunce a casa de uma virginiana. Se você foi em uma festa daquela miga virginiana, nunca coloque o copo sem porta-copos em cima da mesa, ela vai te odiar pelo resto da vida. Se você está a fim dela, então perdeu todas as chances do mundo.

As meninas de Virgem são muito inseguras, muito por serem críticas. Como elas são críticas com todo mundo, elas também acham que o mundo pode falar dela.

Para conquistar uma virginiana, você vai precisar ser muito atenta ao horário. Não se atrase nunca, tenha um bom papo com humor inteligente e sarcástico, mas nunca, repito nunca, faça alguma piada ou brincadeira sobre ela, ela simplesmente vai te detestar para sempre.

# As Librianas

**A libriana é charmosa,** linda, adora agradar a todos, por isso sempre cede. Tem o lado da indecisão também, por isso prefere que você decida por ela.

A libriana é aquela menina que provoca a fila do self-service, porque não sabe se quer comer carne, frango, peixe, porco ou se quer virar vegetariana. Quando você estiver na hora do almoço do trabalho, descer para almoçar no shopping com os colegas e quase perder todo o horário na fila, pode ter certeza de que tem uma libriana lá no início.

Libra é o signo que combina com todos, por isso o foco da sua vida é sempre os relacionamentos. Presta atenção naquela sua amiga libriana... Ela sempre está falando da ex ou da atual ou da futura *crush*.

As librianas são sociáveis demais e, como nunca querem desagradar ninguém, podem estar envolvidas em mais de um relacionamento durante a vida delas. Pois é!

A libriana é aquela mina da balada que é linda, carismática, que se cuida e é muito educada, por isso logo se destaca. Também sempre está cheia de gente em volta.

Por dar muito valor ao belo, ela também se sente atraída por pessoas bonitinhas e simétricas e que se importem com a saúde e com o corpo. Podem correr o risco de sempre estarem dentro do temível padrão e quererem ficar com pessoas que estejam nele também. Isso aí é meio chato, mas com garra dá para mudar.

Quer conquistar uma libriana? Tenha uma autoestima inabalável, seja educada e saiba se comportar socialmente. Não se preocupe se você é desse ou daquele signo, elas combinam com todos.

A libriana adora conectar as pessoas, apresentar essa ou aquela amiga para você, fazer muitas redes. Lembra do *rebuceteio*? Aquela coisa maluca que todo mundo que você já ficou tem alguma conhecida que também ficou com você. Pois bem, geralmente no centro dele está uma querida libriana embananando a vida de todo mundo. Suas redes são sempre muito complexas.

Profissionalmente, sempre se dão bem por conta das relações que elas criam.

# As Escorpianas

**Agora chegou a hora dele,** o signo mais odiado do zodíaco, o Escorpião.

As meninas de Escorpião são muito misteriosas, vingativas, passionais, rancorosas, mas são uma força da natureza quando o assunto é sexo. Depois de tantos aspectos negativos, vou falar por que gosto de meninas de Escorpião: elas são muito leais.

A escorpiana é dita misteriosa porque normalmente é reservada e traça uma bolha imaginária em seu território. "Opa, daqui você não passa!". Por isso, essa fama de misteriosa. A vingança das escorpianas não é algo que elas corram atrás, e sim esperam para assistir seus inimigos ruírem. "Meu Deus, quanto rancor!". As pessoas deste signo são muito rancorosas, acabam fazendo mal para a própria saúde por guardar mágoas e ressentimentos. Agora, mando um recado para você, escorpiana: quando você tiver algum problema ou uma treta com alguém, vai lá e descarrega na hora. Muito melhor, você vai ver, vai se sentir muito mais leve e zero riscos à saúde. Pietra de Pinho recomenda!

A escorpiana tem uma intimidade com a maldade, são filhas de Áries, por isso reconhecem a maldade nas pessoas com muita facilidade. A menina de Escorpião é muito passional e impulsiva, o que quero dizer com isso é que para a escorpiana é sempre tudo ou nada, ela te ama ou ela te odeia. Se ela te amar, ela vai mover céus e terras para você, para cuidar de você. A escorpiana te olha muito nos olhos e espera uma entrega da parceira e um relacionamento e ligação profundos.

As escorpianas estão isoladas ou muito grudadas em alguém. Voltando à questão do extremo; com isso, colocam suas garrinhas de controladoras para fora, mas, por outro lado, são muito leais. Quase fica balanceado.

As escorpianas são muito focadas, por isso têm dificuldade de serem multitarefas. Elas são obstinadas e focadas em um único objetivo por vez. É isso, nunca faça nada de ruim para uma mina de Escorpião; senão, você está perdida. Ela vai até os confins do universo para ver a sua queda ladeira abaixo.

Se tem um toque que eu posso dar aqui é: responsabilidade emocional é bom, com Escorpião no meio é melhor que seja em dobro.

# As Sagitarianas

**Posso falar sem medo de errar** que a menina de Sagitário é uma alma livre, as sagitarianas são aquelas meninas que amam viajar e sair. Elas viajam para passar um ano fora e, quando enjoam do lugar, você acha que elas voltam para casa? Nada disso, elas se mudam para outro país. A menina de Sagitário é aquela pessoa que faz mochilão porque ama conhecer outras culturas e pessoas. São lindas e livres, odeiam cobranças, ser controladas e fazer coisas por obrigação.

Famosas piadistas, agitadas, cheias de si e estabanadas, são pessoas egocêntricas e sonhadoras. A sagitariana sempre energiza o ambiente, ela sempre alegra o lugar em que está e é muito positiva e otimista. Com todo esse otimismo, às vezes, não raro, se metem em projetos mal calculados e podem se dar mal, pois nunca pensam no que pode dar errado.

As sagitarianas se dão muito bem em áreas criativas, porque sempre estão com a cabeça no mundo da lua (culpa do signo *brisado*) e, às vezes, são mal interpretadas, porque sempre pensam além, a mente delas está além do mundo visível e palpável. Então, áreas como Artes e Comunicação são os ambientes perfeitos para essa mente inquieta.

No amor, a sagitariana não se envolve. É de ter muitos *crushes*, mas, quando está apaixonada, mergulha de cabeça e fica na mão da pessoa amada, podemos dizer que fica até meio trouxa.

Para conquistar uma sagitariana como eu, é necessário ser inteligente, fazer aventuras e ser parceira. Se você é paradona e caseira, esqueça a mina de Sagitário, ela sempre vai te chamar para sair e fazer rapel em algum lugar. A menina de Sagitário gosta muito de desafio, então não esteja sempre disponível. Nessa aventura, toda sagitariana também precisa de alguém que olhe por ela e cuide dela.

Os signos de terra são ótimos para cuidar da mina de Sagitário. Mas, para relacionamento, os signos de fogo são ainda melhores.

# As Capricornianas

**A missão de vida das capricornianas** é trabalhar, construir e ganhar dinheiro, por isso são muito pé no chão, elas sempre têm que estar ligadas ao trabalho, porque isso mantém a energia delas. Capricórnio é um signo muito prático e materialista, ligado ao ter e ao planejar. As capricornianas são muito mandonas e podem ser aquela pessoa que gosta de colocar quem está perto para trabalhar.

A garota capricorniana é muito organizada no trabalho, porém não tanto na vida pessoal.

Por ser um signo do zodíaco muito focado nas coisas terrenas, as pessoas deste signo têm o pé muito fincado no chão e são sempre especialistas em um assunto específico, ou seja, se aprofundam muito. As capricornianas querem segurança a qualquer custo.

Quando falamos do coração das capricornianas, podemos dizer que elas são muito observadoras e analisam muito até se entregar, mas, quando você conquista o coração de uma garota de capricórnio, terá uma pessoa leal e que vai cuidar muito bem de você. São ótimas amigas e conselheiras, também são minas mais caseiras. A capricorniana quer alguém em que ela possa confiar e se mostrar, para equilibrar o lado travado e reservado.

Os pontos negativos de uma capricorniana são: ser aparentemente fria, extremamente orgulhosas e dar muito valor para inseguranças.

No lado profissional, vão ser sempre líderes e ocupar posições de liderança.

As *crushes* de Capricórnio combinam muito com signos de terra e água.

# As Aquarianas

**As meninas de Aquário** são aquelas meninas do contra. É isso mesmo, gente, a aquariana é aquela que sempre vai dizer: eu não concordo. Por que elas são assim? Porque elas querem expor outras possibilidades para as amigas ou as pessoas que estão se relacionando, para que elas pensem e debatam. As meninas de Aquário adoram debater e são muito inteligentes. Também são muito confusas emocionalmente e teimosas, então boa sorte!

O signo de Aquário ama a humanidade, é muito sociável, tem muitos amigos e conhecidos. A aquariana estará sempre envolvida em um projeto e cercada de milhões de pessoas.

A aquariana é um ser único e excêntrico, ou seja, é sempre aquela sua amiga diferentona.

Elas são muito criativas, quando eu digo muito, é muito mesmo! Por ser o signo mais criativo do zodíaco, elas sempre são precursoras das grandes ideias. As aquarianas estão sempre na frente. O que parece é que a menina de Aquário junta todo o pensamento da humanidade e depois libera para o resto do zodíaco; nós, pobres mortais.

Para conquistar uma aquariana, você tem que deixar ela livre e não insistir que gosta dela, porque elas são do contra. Nunca tenha a ideia de que você vai prender e ter uma aquariana para si, porque, se você tentar fazer isso, ela vai escapar e fugir de você.

As aquarianas também são imprevisíveis e gostam de relacionamentos duradouros, mas você tem que transmitir essa liberdade e tranquilidade para ela. Para que dê certo com elas, é preciso persistência e paciência.

# As Piscianas

**A principal característica** da menina de Peixes é ser sonhadora. As piscianas estão sempre com a cabeça em outro mundo, é um signo de gente muito distraída. Se você olhar uma pessoa e ela estiver olhando para o nada, pode ter certeza de que é uma pisciana.

As piscianas são muito introvertidas e é muito difícil saber o que elas estão pensando ou sentindo. As pessoas

GH, para ajudar no crescimento e retardar a puberdade. Só menstruei aos 17 anos. Então, todo o processo que as meninas comentavam, eu estava longe ainda de passar. Se não fossem essas injeções, eu teria aproximadamente 1,45m de altura.

Eu não estava dentro desse padrão de feminilidade, então começam as confusões. Eu me encaixava mais no grupo dos meninos e não era por querer ser um, mas convenhamos que têm coisas destinadas aos meninos que são muito mais legais que o que destinam a nós, meninas. Uma chatice isso! Então, eu passava mais tempo com os meninos, jogava bola e via algumas diferenças entre eles e eu, como, por exemplo, ficar sem camiseta. Meu sonho de princesa Marta era ficar sem camiseta. E até aí para minha família era tudo bem, porque eu quase não tinha peito, demorei muito a me desenvolver, e aí eles achavam que, se eu quisesse ficar sem camiseta, eu deveria ficar. Só que na escola isso entrava em conflito, as coisas que me eram permitidas em casa, na escola já não eram. Havia a separação, cada um com o seu esporte, mesmo que ele não seja seu favorito. Meninas, vôlei; meninos, futebol.

Os assuntos das meninas eram sempre aqueles que eu estava por fora, do tipo, tamanho do sutiã (eu nem peito tinha ainda), e os meninos falavam sobre jogos e outras coisas que me interessavam. Nessa época, eu achei por um breve momento que eu queria ser menino, já que os assuntos me contemplavam mais. Mas logo percebi que não. Na verdade, eu queria a possibilidade de fazer o que eles faziam sendo menina mesmo. Afinal, vivemos numa sociedade machista, onde os meninos são privilegiados só por serem meninos. Eu queria ter essa liberdade também.

Nessa época, eu era muito atleta, jogava futebol pela escola. Esse era o único momento que me enalteciam.

Com isso, eu explico de onde vieram as primeiras confusões sobre a minha sexualidade. É uma coisa ainda muito complicada na cabeça das pessoas. Não separam isso, e então a minha feminilidade não padrão se torna um problema, mas nunca foi a razão pela qual a minha sexualidade se desenvolveu. Entendem?

Primeiro que criança não tem sexualidade de gente adulta e definir papéis pelos brinquedos e brincadeiras não faz o menor sentido. Eu tive a sorte de ter pais que não me podaram nesse sentido, talvez por isso me entender e me aceitar foi um processo menos dolorido do que é para muita gente.

A gente vai percebendo a sexualidade lá na bendita puberdade, que é a hora que começamos a prestar atenção nas pessoas, a ter amores platônicos, a se apaixonar pelo Leonardo DiCaprio ou pela Lindsay Lohan... Eu fui bem da época da Lindsay Lohan e da Hillary Duff e achava que elas eram muito mais legais do que o elenco masculino. Minha paixonite pela Lindsay começou a me dar alertas sobre a minha sexualidade.

O meu autodescobrimento foi uma coisa complexa, não me despertei cedo para relacionamentos, a ponto de olhar para um amiguinho ou amiguinha e me interessar ou brincar de namorado. Eu negava muito porque não fazia sentido na minha cabeça, não era quem eu deveria ser. Fora o ranço por ter escutado que eu era sapatão, que eu era Maria-homem só pelas roupas e pelas brincadeiras. A gente vai criando um bloqueio, não se permite por pura intromissão dos outros na nossa vida.

Falavam para os meus pais que eu não deveria brincar com isso ou aquilo, que eu ia crescer e ficar com meninas e que eu era só uma criança. Então, entrei em uma bolha que me reprimia e essa bolha fazia com que eu não aceitasse, em hipótese alguma, que gostava de garotas.

Depois desse processo todo, eu já contei para vocês como foi: eu deixei meu namorado e comecei a ficar com garotas. E, logo de primeira, eu descobri que enfim era isso. Mas grande era o problema na minha cabeça, então toda vez que eu ficava com uma menina, eu ficava com um menino para me convencer de que não era lésbica. Um autoflagelo. Achei que era bissexual, que não gostava de rótulos e isso bem na época que eu comecei a fazer vídeos. Passado o tempo, hoje eu sei que a palavra lésbica me contempla, o que, para minha família, foi complexo e demandou cuidado, mas hoje é tranquilo.

Eu não poderia assumir quando comecei o canal por motivos de: eu não tinha aceitado, a minha família não sabia e eu não poderia bater no peito e gritar para o mundo. Aquela não era a hora.

Depois da aceitação, as coisas começaram a se encaixar finalmente. A forma que a minha mãe soube não foi das melhores, como vocês sabem, mas depois tudo ficou como deveria ser. O que me incomodava é que eu não entendia o porquê da minha sexualidade importar tanto. O que é que tinha a ver o que eu gostava ou de quem gostava? Era um detalhe em mim dentre um milhão. Fiz vídeos falando sobre isso, me incomodava as pessoas quererem que eu falasse sobre isso o tempo todo, sendo que eu tinha outras coisas a oferecer, e foi complicado. Ficava pensando que, se fosse uma garota hétero falando, não passaria por isso, seria uma coisa "normal" e desinteressante.

deste signo são muito fechadas, mas muito empáticas. As meninas de Peixes se importam muito com o próximo e não resistem à dificuldade do outro, por isso estão sempre dispostas e disponíveis para ajudar. Elas cedem muito por terem medo de magoar e, com isso, podem se ver, de repente, em situações complicadas, por sempre cederem e colocarem outras pessoas à frente de suas próprias necessidades. Dizem que, por essa característica altruísta, a pisciana é a mais evoluída do zodíaco.

As meninas deste signo pensam tanto e sonham tanto que dificilmente colocam todas as suas ideias em prática. Isso pode ser um pouco prejudicial para a vida de uma pisciana, é preciso tomar muito cuidado com esse aspecto.

As *crushes* piscianas:

Para conquistar uma pisciana, basta ser romântica, isso mesmo: comprar chocolate, entregar flores e tal.

Além disso, é um signo muito sensível e a menina pisciana precisa sentir essa sensibilidade na pessoa amada. Uma vez conquistada, a pisciana vai fazer de tudo pela pessoa amada.

O que não fazer em uma relação com uma pisciana: colocar regras na relação; não faça joguinhos. A pisciana só quer viver o amor e sentir o relacionamento.

É isso, gente, espero que vocês tenham gostado deste capítulo, pois é um assunto que, como foi dito no início, me atrai muito, já que nos faz conhecer ao outro e a nós mesmos.

E, fala aí, se não foi um manual de sobrevivência? Escolha sua *crush*, se informe bastante sobre o signo e vai com tudo!

# De quantos armários a gente tem que sair?

**Eu percebia muito claramente** que, embora para mim significasse uma pequena parcela de quem eu sou, a minha sexualidade sempre foi algo que chamou a atenção de outras pessoas. Na verdade, na maior parte do tempo, eu achava que só isso importava para os outros.

Cada postagem, cada coisa que eu publicava, aquilo que eu achava quase insignificante tomava proporções bizarras e resultava em milhares de comentários perguntando sobre minha orientação ou até mesmo afirmando a minha homossexualidade.

Quando eu comecei o canal, estava passando por um processo de aceitação, de formação... Eu sabia quem eu era, mas inúmeros fatores contribuíram para que eu não tomasse partido, por assim dizer.

Primeiro, eu recuei, precisava me preservar, preservar a minha família e tudo que eu ainda estava descobrindo. Esperavam que eu tomasse partido de imediato e até entendo alguns comentários, mas não é assim que funciona, não é mesmo?

São inúmeros armários que nos prendem, sair de todos leva tempo e é preciso ter paciência.

Para falar de sexualidade, eu preciso começar com uma coisa que confunde bastante ainda, principalmente por ser um tema novo em debate. A questão do gênero. Outra parada que sempre me perguntam, depois da personagem Ivana, da novela *A Força do Querer*, é sobre meu gênero e, gente, eu sou mulher... Amo meu gênero e é isso aí.

Gênero é diferente de sexualidade. E eu sempre tive isso muito tranquilo comigo.

Quando eu era pequena, meus pais não tinham muito isso de coisa de menino e coisa de menina. Se uma camiseta da seção masculina os agradasse, não era pelo local que ela estava que eles deixariam de comprar. Outra coisa que influencia muito nessa questão é o cabelo. Batem o olho no meu cabelo e pronto. Nem preciso dizer mais nada. Meu nome vira Pietro automaticamente. Só que eu sempre fui muito liberta desses aspectos. Na infância, junto com a camiseta larga, eu tinha um cabelo pequeno, porque ele dava muitos nós; logo, a melhor solução era mantê-lo curto.

Na infância, era muito tranquilo, porque eu adorava a Barbie e jogar bola. Então, era tudo normal. Criança é criança. Além do mais, eu não me importava muito em ser confundida. Às vezes, inclusive, eu jogava bola com os garotos da rua, pedia para jogar no time dos "sem camisa" e dizia que meu nome era Rodolfo, ou seja, me passava realmente por menino. O problema começou quando virei pré-adolescente, pois é nessa fase que começam as separações. As meninas começam a se colocar ainda mais no padrão de feminilidade, começam se diferenciar mais dos meninos, e eu não era feminina o suficiente para me encaixar no grupo das meninas e nem tão masculina assim para os meninos. Eu era menina-menino-Pietra.

Eu demorei muito para crescer. Então, entre 9 e 14 anos, eu tomava injeções diárias de um hormônio chamado

© TIAGO ZANI

Algumas coisas que não são legais acontecem com a gente e ainda tem gente que pensa que é moda. Eu até hoje sou empurrada no metrô; em alguns lugares, não dou a mão para a minha namorada por medo; as pessoas me perguntam ainda sobre os meus namoradOs, como se eu devesse ser hétero. A gente tem um mundo que nos condena, e, assim, ninguém aceita sofrer ameaça, ser assediada, ter limites para demonstrar afeto em público por uma moda. Morremos todos os dias, sofremos estupros coletivos, somos expulsas de casa, da família, do trabalho. Eu sou privilegiada porque eu tive um elo, uma base que não saiu e não me expulsou. Quanta gente sofre violência dentro de casa? Milhares. Todos os dias falamos em mulheres sendo estupradas ou em estupros corretivos para lésbicas. Quando eu tomei noção disso, entendi que esse rótulo se encaixava na minha história e que deveria fazer dele uma luta. A minha existência e o meu amor são formas de resistência de vida.

E, famílias, por favor, apoiem seus filhos. O mundo já vai ser cruel demais com eles, não sejam vocês também. Depois que a minha família me apoiou, senti uma força estrondosa para enfrentar tudo. Se isso não tivesse acontecido, qual seria a probabilidade de vocês estarem lendo isso? Pois é, quase nenhuma. Tirar o amor, o teto e o cuidado que a família deve ter de uma pessoa é tirar de maneira cruel e irremediável as oportunidades que ela poderia ter. Então, vamos gabaritar aqui:

- É família que não aceita;
- É macho te fetichizando;
- É a galera falando que é falta de uma parte genital masculina com nome engraçado;
- Toda hora você escuta que é fase (tanto é fase que meu nome não é Pietra, é Mario e passei todas as fases);

- É mina hétero na balada que bebe um pouco e vira sapatão — já expliquei que uma coisa é ser bi, outra é ser sapatão e uma bem chata é hétero com catuaba beijando a amiga e querendo ser do Vale (outro ponto a ser abordado é a autoestima de *héteras*; quero ter, porque, veja só, não são todas, mas sempre tem aquela que acha que toda sapatão vai querê-la. Socorro!)

Então, pensando nisso tudo e como é sofrido esse mundo, pensei sobre as vantagens de ser lésbica, inclusive já comentei várias. Claro que tem vantagem, né, bebês! Agora vamos começar o momento Nazaré Tedesco: "sapatonas, sinto o cheiro do couro de longe".

Primeira coisa: sapatão quer dizer que você se relaciona com mulher.

Pronto, acabaram as vantagens. Lacramos.

...

Brincadeira.

Essa é uma boa vantagem, bem lacradora. Mas temos outras.

Para mim, tem uma coisa que é sensacional, que é ser do Vale. A gente, LGBTQI ou não, sempre se aglomera com iguais. É uma forma de existir. Pessoas que gostam de ler se juntam com pessoas que gostam de ler, têm clubes de livros; pessoas que gostam de rock geralmente têm amigos que gostam tanto quanto elas e as baladinhas são as rockeiras, e por aí vai... No Vale, não seria diferente. Tem música própria, divas e divos próprios, um dialeto todo nosso, uma rede de apoio, gente com quem conversar.

Você pode ser melhor amiga da sua namorada.

Vocês duas terão TPM; logo, uma entenderá a outra. Também pode ser meio prova de resistência, porque, se sincronizar, todo mês vocês duas questionarão as suas existências em conjunto. Depois, me conta se existe vida depois disso.

Outra coisa mágica é que, de repente, você tem muito mais roupa. Porque não será apenas o seu armário, e sim o dela também como opção.

Dizem também que é quase certo viver para sempre com aquela que tem o mesmo tamanho de pé que você.

Não tem o risco de sair um bebê sem que a gente queira.

Entendemos de amor, pois compartilhamos de corpos parecidos.

Tem o amorzinho, compartilhar Anavitória agarradinhas, essas coisas.

Mulheres são mais compreensivas em relação ao corpo da companheira, isso inclui tudo: inchaços, pelos, coisas que só nós temos e o bom apoio emocional.

Bom, então temos vantagens, menos mal.

Gente, cada uma tem uma vivência e eu só posso mostrar a minha, nunca vou dizer o que é certo fazer. A gente discute sobre aceitação interna, familiar e de amigos; sobre invisibilidade, nossos direitos e tudo mais, só para que possamos ter uma maior noção de tudo.

Vocês têm que sentir o momento para se abrir para a família e amigos. Têm que saber tudo que vai acontecer para se fortalecer. E é isso. Sem atropelar nada. Têm que ser fiéis a vocês mesmas.

Aceitem-se da forma que são, procurem representatividade, veja o estilo de cada uma, o cabelo e tudo que faz parte de você.

Vamos quebrar o padrão de feminilidade. Toda mulher que sai desse padrão cai na pilha de achar que quer ser homem, quando nem sempre é o caso. Então, relaxa, corta o seu cabelo, coloca a sua camiseta e se sente.

Têm umas vantagens que dão vontade de ser homem, como andar sem camisa? Têm, mas aí caímos numa parada que eu repito: queremos os mesmos privilégios, e não sermos identificadas como homens e, olha só, com a devida segurança, dá para fazer as mesmas coisas sendo mulher.

Vou dar umas dicas de sobrevivência para a hora do caos:

Tenha fontes, referências, procure representatividade para ter certeza sobre você.

Não precisa tentar se encaixar em nenhum rótulo de primeira, eu sei que a identidade passa por essa fase, mas, antes de qualquer coisa, é essencial que você saiba quem você é, o que você gosta de verdade e isso leva tempo. Então, próxima dica:

Tenha paciência consigo mesma. E o tempo todo. Não gostou de fulano ter te chamado de Maria João? Reflita sobre isso, sobre os preconceitos e a pressão que foi colocada em você pela nossa sociedade. Entenda antes de tudo que sofremos dois tipos de opressão: o machismo e a homofobia. Então, está tudo bem ter reproduzido algumas coisas, não se massacre por isso, só repense e tenha certeza do que vai falar de agora em diante.

Tente pensar na sua infância, adolescência e na sua rotina. Imagine-se em um mundo em que a heterossexualidade não é um padrão condicionado, mas algo que existe como qualquer outra coisa, como é esse mundo?

Quer fazer algo como cortar o cabelo e a sua família não aceita? Faz aos poucos. Corta um pouco, vai definindo, até para irem se acostumando. Não estou redimindo ninguém, mas pensa que você mexe com o que os outros acham que é o certo. Isso tudo é um fator a mais na complicação.

Troque as roupas de seu armário de forma devagar também.

*Baby steps*. O segredo é você sempre ir devagar nas coisas. Pisando em ovos para não se machucar, e vida que segue.

TIAGO ZANI

# 05

## Família, mudança, faculdade e... Socorro!

**Eu me mudei para São Paulo** e o que aconteceu? Isso mesmo, galera, a minha mãe surtou. Posso estar com o meu avô, mas não adianta; mãe é bicho apegado mesmo. Mas e, então, como lidar?

Todo passarinho sai do ninho, certo? E eu saí do ninho e fui fazer faculdade em outra cidade. Meu Deus, terremoto em Pinda, 10 de magnitude na escala Richter.

Eu sempre fui boa aluna, tanto que passei no vestibular no segundo ano. Boas notas e tudo mais, só reprovei no ano em que a minha irmã morreu, não teve como, foi difícil lidar.

E, então, eu tinha algumas opções que me agradavam mais que as outras, como Cinema, porque eu gostava de cinema e achava massa, então prestei na USP e passei. Só que depois eu descobri o curso de Rádio e TV e achei que, como era em Comunicação, tinha mais a ver com o YouTube e preferi seguir por esse caminho, afinal me comunicar com as pessoas sempre foi uma coisa que eu gostei.

Também prestei para Psicologia na PUC e passei. Esse é um outro lado meu, eu gostaria de ajudar as pessoas a se entenderem e aprenderem a conviver consigo. Igualmente eu gostava muito de Biologia e Química, o que me fazia pender muito para tentar Medicina. Mas não fui para a Medicina, porque já estava com o YouTube e queria manter o foco em Comunicação. Esse lance de ajudar as pessoas, hospital e tudo mais sempre me cativou mesmo. Bem *Grey's Anatomy* eu.

Acabou que fiquei com a Comunicação, fazia Rádio e TV na Belas Artes. Depois, mudei de curso. Então, hoje, faço Artes Cênicas e optei por continuar morando com meus avós, pois sou bastante apegada a eles.

Meu colégio era focado no vestibular, mas eu não estava muito na mesma *vibe*, embora estudasse bem. Não fiz o terceiro ano, peguei o certificado pelo Enem e passei o próximo ano estudando sozinha para prestar vestibular.

Enfim, voltando para a família, lidar com a distância do meu pai era mais suave, porque há muitos anos ele mora em Florianópolis e o nosso contato é esporádico mesmo, já estava acostumada.

Em Pinda, eu morava com a minha mãe e a minha avó que são bem grudadas em mim, o que tornou a separação mais difícil, quando vim para São Paulo morar com o meu avô.

Não, eles não são separados, são bem modernos, na verdade.

Por causa do trabalho e da distância, ele começou a morar em São Paulo, só que vive meio cá, meio lá. Então, bate uma solidão às vezes.

A pessoa que mais sinto falta é a minha avó. Vocês sabem que somos muito ligadas uma na outra, ela me mimava, arrumava meu quarto, estava ali sempre e é difícil, de repente, não ter mais o convívio. Por isso, tento me fazer bastante presente em Pinda, até para ela não sentir tanto.

Eu não sou muito apegada à família, mas com a minha avó é diferente, com a minha mãe também não deixa de ser. É que avó é uma coisa melhorada pelo sistema solar, um ser incrível de outro mundo.

Como eu disse, a minha mãe chorava, queria estar sempre aqui, sentia muita falta. Acho que anda um pouco melhor.

E para mim foi bem louco.

Lembra aquele cenário bucólico do primeiro capítulo? Cachorro, gato, periquito, papagaio, um sítio, eu, a pequena Tarzan, pois é. Agora mudou tudo, concreto, prédios enormes, pessoas, mais pessoas, várias pessoas. Metrô lotado, pessoas esbarrando, mais pessoas se esbarrando. É muita gente mesmo.

Pois bem, saí lá do meu sítio, do meu castelo da Frozen para a temida selva de pedra. E aqui estou, a vida deu uma mudada desde a base.

Gosto de São Paulo? Amo/sou. Mas bate uma saudade enorme da minha relação com o mato.

O primeiro dia de aula na faculdade foi... No mínimo, bem louco. Você perde a noção, quando passa muito tempo em um colégio só, de que você pode ser uma pessoa nova em outro lugar.

Já falei que a vida é um eterno jogo de calouro e veterano. Você sai do último ano do fundamental como mais velho, volta tudo de novo sendo o mais novo do ensino médio e assim vai. Na faculdade, não tem nada de diferente, e, do nada, depois de ser o mais velho da escola, você vira a mais nova na faculdade.

Comecei querendo fazer duas faculdades, Artes Cênicas e Rádio e TV, mas estou só em Artes Cênicas. Antes de mudar de curso, fiz um vídeo de como foi meu primeiro dia. Comecei esquecendo qual era a sala, o que fez eu me perder no quarto da limpeza e ainda chegar atrasada na aula, com todo mundo olhando para a minha cara.

Eu, como bela, recatada e do lar, fiquei envergonhada, claro. Porém, sobrevivi. O sentimento era, tipo, finalmente, a faculdade está acontecendo e eu iria enfim conhecer gente legal e interessante que eu escolhi compartilhar a sala de aula, porque a escola é todo mundo misturado e o pessoal de Rádio e TV é esse tipo de pessoal.

Aí eu tava no fluxo e avistei o Vale do alto — mirei e verifiquei os gays e as sapatões juntos. Pensei logo: aqui é o meu lugar, é aqui que eu vou ficar. Fiz amizade logo, coisa que nunca pensei, assim me certifiquei de que era o meu lugar. Parecíamos uma cópia de *Skins*, me senti naquelas fotos das aberturas.

O melhor da faculdade são os companheiros, não é mesmo, minha gente? As aulas de Photoshop acontecendo e eu bela e deusa sem saber o que era tudo aquilo, mas aceitei a palavra da professora de que uma hora iria descobrir.

Lembro que a professora perguntou se a gente criava e o que criávamos. Meu intuito era responder a expectativa para depois mostrar a realidade, e deveria, pois queria ser nerd, e nerd talvez não possa ser.

Mentira.

Contei que criava conteúdo no YouTube e que isso era cotidianamente. Então, já tinha uma noção de criação e do passo a passo que isso envolve.

Outra coisa incrível de faculdade também é que você pode se ferrar por motivos de: pode ir embora a hora que quiser. Inclusive, não precisa pedir permissão para ir ao banheiro. Posso passar na cantina, comprar uns doces, dar umas passeadas e depois voltar. Não recomendo, nem

UNIVERSAL STUDIOS®
SCENE
TAKE
ROLL
SOUND
DATE
PROD.CO.
DIRECTOR
CAMERAMAN

faço, só pensei alto e escrevi no livro.

Em São Paulo, a coisa mudou também, de 5 minutos eu levo uma hora, no mínimo, para chegar até a faculdade. Entendi agora que a vida de universitária é viver cansada. Então, vez ou outra, eu atraso as postagens no canal. Nada que não possamos suprir depois.

É muito cansativo ter mil funções. Tenho que pensar em o que postar nos períodos certos, os conteúdos têm que ser interessantes, senão vocês fogem, e ainda têm as aulas e os trabalhos, porque professor acha mesmo que a gente não tem vida. O pior, eles acham que só tem a matéria deles no semestre. Deus está de olho em vocês, professores. Sugam a nossa alma, acho até que o Drácula era professor universitário e que sangue era a metáfora para todo o tempo que tomam da gente. Mas, depois que sair da faculdade, portadora de diploma, além de esfregar em todos os olhos existentes do planeta Terra, eu me vingarei sendo muito rica. Vocês vão ver. Quando eu terminar a faculdade, pretendo seguir na Comunicação, claro. Senão, nem faria. Quem sabe não viro a Pietra-Maravilha?

Essas coisas de sempre estar em contato com o público me motiva pelo resto da vida. E sou muito grata ao YouTube por eu ter percebido isso cedo a ponto de me profissionalizar e não sair desse mercado que, até então, não sabemos quão efêmero é.

Acho que terão de me aguentar por muito tempo ainda.

© TIAGO ZANI

# E se eu quiser ser o Batman?

## FEMINISMOS E OUTRAS COISAS.

**Já indiquei em um vídeo sobre feminismo** que esse é um tema que precisa ser discutido seriamente, mas, na época, eu não gostava de discussões sérias e acreditava que o meu canal fosse somente para diversão. Mas a vida sempre nos faz mudar de ideia, não é mesmo? E essa discussão é muito importante, precisamos falar sobre isso. Então, EI, GALERA, muita calma nessa hora, vamos conversar sobre feminismo!

Quando nascemos, podemos ser de dois jeitos, isso teoricamente. Segundo as nossas genitais, somos separados entre meninas e meninos. Essas conclusões sobre sermos meninos e meninas chamamos de gênero. Mas sabemos que gênero é uma construção social. A gente nasce com a genital condicionada ao feminino e outros com a genital condicionada ao masculino.

Como assim condicionada, Pietra? Por exemplo, quando estamos na maternidade, algumas coisas são feitas para que possamos ser identificados, uma coisa recorrente para identificação feminina é a perfuração da orelha. Está vendo aí o "condicionada"? Já somos levadas à construção do que é ser mulher na sociedade.

Quando você nasce com uma genitália que é condicionada a B sexo, mas você se sente como A sexo, você é uma pessoa transgênero. O que eu posso falar sobre isso? Nada. Isso mesmo, nada. Dentro do padrão social, eu sou uma mulher cis, logo não participo da resistência trans. E é como mulher cis que vou conversar com vocês. Por falar em cis e trans, vocês estão ligadas nos significados dessas palavras? Para falar com vocês, pesquisei uma forma mais simples, porém teórica para não cair no erro. Sabe como é, né? Assunto sério, brincadeira pouca. *Let's Go, girls*.

Segundo o artigo do site Azmina, feito pela Jaqueline de Jesus, esses são os significados de cada um desses termos tratados acima:

**Transexuais:**

*Pessoas transexuais geralmente sentem que seu corpo não está adequado à forma como pensam e se sentem, e querem "corrigir" isso adequando seu corpo à imagem de gênero que têm de si. Algumas delas se submetem a uma cirurgia de transgenitalização — adequação cirúrgica do órgão genital à imagem que a pessoa tem dele —, mas outras não. Ao contrário do que se costuma pensar,* ***o que determina a identidade de gênero transexual é a forma como as pessoas se identificam, e não um procedimento cirúrgico.*** *Em decorrência disso, muitas pessoas que hoje se reconhecem ou são taxadas como travestis seriam, em teoria, transexuais.*

**Cisgênero:**

*Chamamos de cisgênero, ou de "cis", as* ***pessoas que se identificam com o gênero que lhes foi atribuído quando ao nascimento****. Denominamos as pessoas não cisgênero[1], as que não se identificam com o gênero que lhes foi determinado, como transgênero, ou trans.*

Entenderam o porquê da minha fala ser voltada às cis? Sou cis. Algumas pessoas confundem com orientação sexual, mas isso não tem nada a ver.

---

1 - Correção em relação à fonte, onde encontra-se grafado "Não-cisgênero".

Então, você vai nascer com a genitália do sexo feminino, vão furar a sua orelha, vai ser uma linda menininha, vai ter aquele quarto rosa e o sapatinho de crochê brega rosa. Por sinal, repito: odeio rosa.

Eles vão te tratar como uma princesa e eles não estão se importando se você vai crescer e vai querer ser o Batman. Não tem jeito, esse é o condicionamento nosso de cada dia e é isso aí.

Não pense que isso não afeta aos meninos também, porque eles também são condicionados para um monte de coisas que não são legais, definitivamente. Se você nasce menino, a sua obrigação é ser "macho", que no bom português machista quer dizer que você vai ter que ser o herói, vai ter que mandar, ser forte, entre outras coisas, ser um humano predominante. E coitado de você se gostar de Frozen, ou de alguma coisa que "é de menina". Não, não, isso para macho é proibido. A sociedade não quer saber se você vai querer ser a Elsa.

E assim, ok, tem lá o menino e a menina, mas para você o que é ser menina? Pensa aí. Refletiu?

É difícil definir o que é ser menina. A sociedade criou essa noção de que algumas coisas são de menina e outras de meninos e muitas vezes você pode não se identificar com isso, mesmo você sendo cisgênero. Mesmo você adorando ser menina.

Por exemplo: a sociedade determinou que cabelo de menina é comprido e deve bater de um lado para o outro. Agora, veja bem, vocês conhecem o meu... Isso mesmo, ele é curto, galera. E eu adoro que ele seja assim, isso não o torna coisa de menino. Repito: NÃO É COISA DE MENINO. Sempre chegam perto de mim falando que meu cabelo é isso, que meu cabelo é aquilo, perguntando se eu quero ser menino, que eu sou muito macho. Não me erram nem quando eu tiro a maçã da cabeça para não me acertarem. Eu estou longe de querer ser homem e toda vez que escuto que sou *bofinho* e não sei o que lá, eu não gosto. Não, não e não.

Eu sou mulher e eu estou usando a minha liberdade como mulher para ter o cabelo que eu quiser. Entenderam? Eu não quero usar coisas de menino e parecer um

menino. Afinal, o que é parecer um menino? É ter cabelo curto? Isso porque um bocado de gente determinou isso? Pausa para o momento de reflexão.

Se não existissem "coisas de menino" e "coisas de menina", como seria o seu cabelo?

Como será que seriam as suas roupas?

Meninas gostam de cabelo longo? Sim, mas será que todas são assim? Eu mesma já tive, já fui toda normatizada, conforme o que é estabelecido para meninas, e, quando eu cortei, veio aquela frase ali de cima do "Nooossa, você está querendo ser homem?". Nããããão! Nossa, esse texto está parecendo o texto do "Não", e não sobre feminismo. Só negação do que é ser menina e do que é ser menino. Essa construção social da qual eu, Pietra, não gosto e não quero fazer parte. Isso porque eu não aceito o que constroem sobre ser menina, que menina tem que usar sainha, tem que gostar disso ou daquilo. Isso quer dizer que meninas também têm obrigações relacionadas a elas, sabiam? Quando falo de roupa e corte de cabelo, também falo de uma coisa muito mais profunda, porque essa construção é muito cruel.

Quando a gente estabelece coisas que parecem pequenas, como, por exemplo, corte de cabelo e estilo de roupa, estamos falando de comportamento, entendem? Quer dizer que, por ser assim, devo me comportar de tal modo. O devo é onde dá a m#$&% toda. Eu não devo e não pago quando puder. Quer dizer que, se ser homem é se sobrepor, então alguém é subjugado, e esse alguém é o sexo dito como frágil, ou seja, nós, mulheres. E, se uma mulher não se identifica com coisas de mulher, se ela não demonstra essa tal "fragilidade", ela quer ser homem.

Outra coisa que confundem muito é a orientação sexual. Ela não tem nada com nada e mais nada a ver com gênero. Eu posso ser cisgênero e gostar de mulher. Ou seja, eu toda menininha posso querer andar de mãos dadas e dar uns beijos em uma outra menininha, e isso não tem nada a ver, gente. A minha vontade de ser mulher não será abalada por isso. Calma, sociedade.

Não quer dizer que uma menina que foge do padrão de feminilidade, que usa, sei lá, cuequinha e samba-canção, seja lésbica, muito menos que ela queira ser um menino. É o mesmo que dizer que se o ovo está embaixo do cachorro, ele o pariu. Sabe? Não faz sentido. São conclusões rasas demais.

Quando eu era pequena, queria ser um menino e, sinceramente, tenho certeza de que muitas de vocês também. Eu nunca entendi por que os meninos tinham certos privilégios sobre as meninas. Então, basicamente, eu queria poder jogar bola, poder ficar sem camiseta. Ok, eu ficava, eu ligava o grande FO%$&$ e ficava, mas era só eu fazer isso que me chamavam de Maria-homem e eu ficava indignada, porque se eu tivesse sido um menino isso teria sido mais fácil, devido a uma coisa que existe na nossa sociedade que é esquecida, mas está aí, na nossa cara no dia a dia, chamada machismo.

E, se você é homem, o seu condicionamento também é de ter um tremendo privilégio social. E sendo mulher esses privilégios não são para você e aí já sabe o que acontece na vida. Você se ferra. O tempo inteiro. Das mais variadas formas. E, mesmo assim, sei que eu não gostaria de ser homem. Eu gostaria de ser tratada com respeito, assim como os homens são tratados, gostaria de ser levada a sério como os homens são levados.

E, então, eu cresci, né. Estou aqui plena no meu lugar de adulta e, durante esse processo, encontrei o feminismo. Ele diz que eu posso ser do jeito que eu quiser, que eu posso ser quem eu sou. Por causa disso, eu me senti segura para dizer à sociedade que é isso aí, estou eu aqui, e, sim, vão ter que me engolir.

Eu já falei com vocês sobre a vez, uma bela vez, diga-se de passagem, que eu nunca vou esquecer. Eu estava com oito anos e sempre tive o cabelo curtinho. E aí um senhor casado com uma familiar perguntou se onde eu cortei o cabelo tinha como cortar cabelo de menina. Como vocês sabem, a minha resposta foi tão boa e alta quanto a falta de noção dele. Aquilo me incomodava muito, assim acabei cedendo à pressão de deixar meu cabelo crescer para não ouvir esse tipo de coisa e, com isso, fui naturalizando esse "ser mulher", assim como a gente naturaliza o cara que nos assedia na rua. Passei por uma situação horrível, nesse sentido, com minha namorada no metrô. E os caras se sentem tão dentro da razão, de poder cercar uma mulher, de interferir na rotina e no direito de ir e vir dela, que vira um círculo vicioso, sabe? Quando eu denuncio para um homem, ele me diz: "E daí?". Isso quer dizer que estamos todos muito doentes. Precisamos parar de naturalizar esses episódios bizarros.

"Ah, Pietra, mas como eu paro com esse círculo?". Eu poderia dizer: simples, faça isso e aquilo. Mas, na real, estamos construindo juntas e eu preciso dessa resposta tanto quanto vocês. A única coisa que eu sei é que ficar parada e tentar abstrair o assédio não está resolvendo.

Voltando a falar sobre usar coisas de meninos e meninas... Às vezes, eu vejo uns caras gays e umas garotas lésbicas com frases do tipo "ah, eu sou sapatão porque desde pequena eu gostava de jogar bola" ou "ah, eu sou gay porque desde pequeno eu gostava de sereia". Mas o que tem a ver uma coisa com a outra? Reflete aí de novo sobre o ovo e o cachorro para eu não repetir, porque senão só vai ter a palavra não e ovo e cachorro neste capítulo. Pessoas, o que tem a ver você gostar de mina e jogar bola? Eu simplesmente não entendo. É porque futebol é coisa de menino e, seguindo essa lógica louca, se você gosta de futebol, que é coisa de menino, você então deve gostar de meninas, porque meninos gostam de meninas? Olha o dever condicionado aos gêneros aí de novo, minha gente. Complicado.

Eu fiz futebol por muito tempo e é com propriedade que eu digo que não faz sentido mesmo. Beijos e até a próxima. Estou brincando. Vamos continuar aqui com o fluxo de raciocínio. Tem um monte de mina hétero que joga muito, assim como tem sapatão que joga demais. E eu, quando criança, adorava subir em árvore e tudo, mas meu brinquedo favorito da vida (saudades, infância) era a Barbie. Isso mesmo, outro choque social: sapatão e Barbie. Tinha discoteca e tinha briga com as amigas para saber quem ia ficar com quem.

Eu já falei que não posso falar sobre pessoas não binárias e tudo. Mas alguns estereótipos me incomodam quando as pessoas focam nisso para serem reconhecidas como mulher. Uma coisa que não compreendo bem é *genderfluid*, que afirma características que rompemos todos os dias. Tudo parte da escolha livre das pessoas e devemos respeitar isso, mas também quero que respeitem a nossa vontade de romper essas barreiras de gênero. E seria ótimo que não existissem coisas de meninos e coisas de meninas, porque, olha só, as coisas iam ser só isso mesmo, coisas. Olha como seria mais simples a vida de um cara que fica confuso porque se vê como homem, mas gosta de batom. Não teria o "mas" e batom seria, veja só, isso mesmo, apenas batom. Se sentir mulher ou se sentir homem vai muito além dessas coisas.

Às vezes, a gente acha que quer ser homem, porque adoramos aquilo que é destinado apenas aos homens e criamos uma confusão. Como eu mesma que adoro um monte de coisas destinadas a esse pessoal e não tenho nenhuma disforia com o meu corpo. Amo/sou menina. Aí vem aquela bela fala problemática de mulheres lésbicas: "Ah, eu sou bem menina, né, mas eu gosto de menina bem menina, porque, se fosse para pegar macho, eu pegava homem". Para tudo. Já me irritou. Quero *desouvir* isso. Amiga, chega aqui, apenas pare. Muitas amigas minhas chegaram em garotas e tiveram a seguinte resposta: "você é linda, mas, se fosse para ficar com mina assim, eu ficava com homem". Mas, gente, parem, não existem limites para a reflexão do ovo e do cachorro, ele cabe aqui de novo. Amores, o ovo estar debaixo do cachorro não quer dizer que ele tenha parido. Viu? Continua sendo mulher de qualquer jeito. Você vai deixar de sair com uma garota legal porque ela tem cabelo curto? Você gosta de mulher ou de padrão de feminilidade? Vamos repensar isso aí, porque vai além da questão do gosto. Quando é gosto, a resposta não é essa.

Como estamos em uma surra de frase sem sentido, vamos com outra clássica. Agora uma abordagem para casais lésbicos: "Mas e aí quem é o homem da relação?". Já apontando para a mina de cabelo curto, porque, né... Isso aí. Só pode ser, não é mesmo? Se é um casal lésbico, então não tem homem. Nenhum. Sério. Juro pelo meu canal. Vamos parar de tentar encaixar as coisas em um padrão social hétero, isso é suicídio.

Quando veem duas meninas dentro do padrão de feminilidade, elas são fetichizadas, são bonitinhas até, agora se olham duas meninas fora desses padrões a história muda, porque sai deste padrão normativo. Já começam com os estereótipos de ativo e passivo. Coisa muito destinada a casais héteros, que nem dentro dessas relações se aplica, quanto mais dentro de relações homoafetivas. É só parar de colocar padrão nas coisas.

Quando eu era criança, me confundiram com menino no banheiro, mas hoje não me confundem mais, falei sobre esse acontecimento pavoroso já. Posso estar de qualquer jeito que não acontece, só que acontece com várias amigas minhas. Se você não está dentro desse padrão de feminilidade e entra em um banheiro feminino, os olhares se voltam a você, como flechas a uma potência bizarra. E aí é um tal de "é homem", "sai daqui, é homem" que constrange qualquer uma.

Enfim, depois disso tudo, quero contar para vocês que tem uma vertente que eu me identifico mais, a do feminismo radical. E isso não é apologia a nada, porque cada uma sabe de si e está livre dentro do feminismo para estar dentro da vertente que mais te deixa à vontade. E não, não sou transfóbica, e debato sempre com respeito com quem quer falar sobre isso. Eu tenho outra visão e acho que podemos construir juntos, nossos diálogos são enriquecedores.

É basicamente isso, você não é menos mulher pelo seu cabelo curto, nem é menos mulher pela sua roupa da seção masculina. Você só gosta de coisas que a sociedade determinou como erradas. E, às vezes, quando você tenta diariamente se afirmar como mulher em uma sociedade assim e a pessoa te pergunta se você quer ser chamado de "ele", é dolorido. Eu sei que temos as lutas daqueles que se validam pelos estereótipos, porque é assim a luta, é assim que tem que ser feito, só não esquece das minas. A gente está aqui o tempo todo, e, às vezes, eu quero o Batman e a Barbie e continuar sendo Pietra.

# 07

# Ohana quer dizer família

## MINHAS INSPIRAÇÕES

**Bom, gente,** neste capítulo, vou falar de algumas coisas que gosto, como músicas, cinema e séries. Vocês que me acompanham há um tempo já sabem que fui muito fã do Justin Bieber. É, gente, sei que ele é polêmico e quem gosta ama e quem não gosta odeia. Eu vou dar algumas razões para vocês gostarem. A primeira é que ele se envolve com todo o processo criativo, desde pensar na melodia e escrever a letra até cantar e tocar alguns instrumentos. Eu conheci o Justin como a maioria de vocês, pelo vídeo do YouTube, e depois acompanhei a carreira dele. Sei que ele está em uma fase meio revoltada, mas não tinha como não se apaixonar por aquele bom garoto, todo certinho, com aquela cara boa e um violão. Todos os Beliebers ficaram ensandecidos quando ele começou sua fase complicada.

Outro cantor que eu gosto bastante é o Ed Sheeran. Ele também surgiu na internet, só que ao invés de ser canadense como o Justin, ele veio do Reino Unido. O Ed chamou muita atenção do ícone pop dos anos 70 e

80, Elton John — para quem não conhece e está curioso, pergunte a sua mãe ou a seu pai que com certeza um dos dois vai saber, te falar uma música e conversar sobre um dos seus hits. O Ed Sheeran fez participações em músicas da Taylor Swift e escreveu algumas músicas para o grupo One Direction, que abalou 88% da minha geração.

Adoro funk, acho ótimo para dançar e zoar com os amigos, tenho preconceito zero com o gênero. Vocês já devem saber disso, pois tenho várias *playlists* nos meus vídeos de funk.

Gosto muito de MPB também, galera, é ótimo ouvir música popular brasileira, não é? Posso passar o dia todo ouvindo. A do momento é Anavitória, escuto tudo, nem vou fazer uma *playlist*, porque adoro todas as músicas.

Para mim, música é isso, você tem que se divertir e gostar do que ouve, sem preconceito, se você ouviu e achar legal, curte, não tem que ficar rotulando: "Não vou ouvir porque é funk". Nós temos que ser felizes, galera.

## Cinema

**Eu adoro animação.** Sério, gente, não tenho maturidade nenhuma quando se trata de desenhos animados. Amo *Lilo e Stitch*, *Rei Leão*, *Shrek*, *Zootopia* e *A nova onda do imperador*. Vou contar um pouquinho da história deles e tentar explicar por que eu gosto tanto de alguns e vi oito vezes ou mais (é isso mesmo, não saí daquela fase em que as crianças pedem para ver os desenhos repetidamente).

Então, começando pelo *Lilo e Stitch*, que é uma animação da Disney Pixar e se passa no Havaí. Essa animação conta a história de uma família de duas irmãs órfãs que encontram um bichinho peculiar. Quem encontra o bichinho e acha que é um cachorro é a Lilo, a irmã caçula. A personalidade da Lilo envolve o cuidado com os animais, ela sempre está envolvida em projetos para isso. Um dia, ela encontra esse ser que se parece com um cachorro, mas que na verdade é um E.T.

Como me identifico? Primeiro, é no Havaí e as duas irmãs surfam. Eu amo surfe, meu pai trabalha com surfe e eu até tenho uma prancha que é a réplica da prancha da Lilo. Segunda parte da identificação: ela ama animais e eu também. Minha casa, em Pindamonhangaba, é quase um zoológico. Eu tenho cachorro, gato, hamster e um lagartinho. Me identifico tanto que tenho um Stitch tatuado no meu antebraço. Fora toda a simbologia que traz, Stitch, é um alienígena, um ser fora do padrão terreno, que é sempre assustador para as pessoas, mas não só aqui, no seu planeta ele também não é um ser querido e, mesmo assim, quando ele cai aqui, a Lilo dá para ele todo o amor que uma família pode dar.

A moral dessa história pode ser resumida em uma palavra: "Ohana, que significa família, e família é nunca abandonar ou esquecer". Lindo, não é? Vou até ver de novo agora.

*O Rei Leão* é aquele desenho que emociona. O Simba perde o pai quando ainda era criança e foge do reino dele para não ser morto pelo tio, que é o usurpador do trono. Anos depois, ele volta para lutar pelo que é seu. O filme fala sobre família, lealdade e amizade. Tem toda uma moral. Fala sobre os excluídos, indica que a verdadeira nação quem constrói não são os governantes, mas, sim, seu povo, enfim tudo que precisamos entender mais profundamente, não só na infância. É um filme de tirar o fôlego.

O *Shrek* é aquele famoso conto de fadas às avessas, que tem um anti-herói no papel principal e uma ogrinha é a princesa. Um desenho muito divertido e cheio de referências bem-humoradas. Quem nunca quis ser uma princesa e, de repente, se deu conta de que nenhuma se parecia com você? Mas, se até uma ogra pode ser uma princesa, quem dirá a gente, não é mesmo?

O desenho fala sobre padrão, conceito de certo e errado... Lembra do casamento do burro com uma dragão-fêmea?

Uma cena linda que nos ensina a seguir tudo aquilo que o coração manda. Eu adoro quando rompemos esses conceitos simples e podemos ver outras coisas em animações. Acho que elas dão oportunidade para representações mais profundas. Adoro *Shrek*, sempre vai ter um espaço no meu coração para ver mais uma vez.

Finalmente chegamos ao *Zootopia*, que eu amei e vi umas oito vezes. Sério, gente, eu adorei.

Resumindo, a história é sobre uma coelhinha que mora no interior e vai ser policial na cidade grande, que se chama Zootopia, um lugar onde todos os animais convivem harmonicamente sem predadores naturais. Sou do interior também e quando qualquer pessoa que vem do interior vai para uma cidade grande, como eu fui para São Paulo, sente uma diferença enorme, aquela sensação de ter muita coisa próxima, e, às vezes, temos a impressão de que a cidade vai nos engolir. É um pouco complicado, mas dá pra levar e aproveitar. Voltando ao filme *Zootopia*, também tem uma dose de mistério e de crítica social. Mistério porque a coelhinha se envolve em um caso de desaparecimento e vai investigar. A crítica social vi em alguns estereótipos bem marcados, como o departamento de trânsito ser composto por funcionários bichos-preguiça; os vizinhos não falarem com você; e a forma com que as pessoas lidam com o preconceito. Em *Zootopia*, tem a sorveteria dos elefantes que uma raposa vai tentar comprar um picolé e não consegue porque ela não é um elefante, sabe? Olha o preconceito velado aí! Todas as espécies convivem em harmonia, mas tem que ter o bairro do elefante, o da raposa e o do hamster. Todos bem segregadinhos.

E, por último, mas não menos importante, tem *A nova onda do impedor*, que é uma animação hilária. No filme, vamos conhecer o Kuzco, um imperador de 17 anos que não consegue administrar o seu império. Ele é egoísta, ditador, injusto e mimado. Tudo começa quando a Izma é demitida e o transforma numa lhama para ela chegar ao poder. Aí, a confusão começa quando o Kuzco-lhama, com a ajuda de um camponês, tenta voltar ao palácio para reaver o seu poder. Eu me divirto muito vendo essa animação. E, é claro, nós aprendemos a não sermos ambiciosos.

Bom, gente, tá vendo? Por isso que amo animação, sempre tem uma coisa para dizer, é incrível.

## Séries

**Agora é o momento de falar** das nossas amadas séries. Quem nunca maratonou uma série? Quem nunca amaldiçou a Netflix porque a conexão estava ruim? Quem nunca ficou desesperado quando percebeu que a temporada acabou e ia ter que esperar um ano para a próxima? Quem nunca correu atrás daquele *spoiler* da próxima temporada ou quase matou a amiga por conta daquele *spoiler*?

Pois é, vou começar a falar de *Orange is the New Black* (OITNB), a série da representatividade e a série que toda mina lésbica tem na sua lista de sugestões da Netflix. OITBN nos conta a história de Piper Chapman, que mora em Nova York e é condenada a cumprir quinze meses numa prisão feminina federal por ter participado do transporte de uma mala de dinheiro, resultado do tráfico de drogas. A Piper participou disso a pedido da ex-namorada, Alex Vause, que ocupa um lugar importante num cartel internacional de drogas. O crime ocorreu há dez anos, antes do início da série, e, no decorrer desse período, a personagem seguiu sua vida tranquilamente entre a classe média alta de Nova York. Já com trinta e poucos anos, ela está lá, tranquila, com o boy Larry Bloom, deixando seu passado mais do que sombrio para lá. De repente, o passado volta para tirar a tranquilidade dela. Para pagar por seus crimes, ela resolve se entregar e troca uma vida confortável pela prisão. Isso mesmo, gente, ela se entrega e começa a viver o dia a dia da prisão, com tensão, brigas e companheirismo. A série traz representatividade, porque Piper e Alex são o casal principal por um bom tempo, fora a questão social que a série aborda. Logo de cara, a Piper é um ser estranho dentro da prisão, que é composta prioritariamente por latinas e negras, uma representação do problema de classe. E a protagonista é uma mulher branca que sofre uma espécie de preconceito por parte das outras detentas. Dá para tirar muita coisa dessa série.

Agora vamos falar de uma série que muitos de vocês devem amar, assim como eu. Alguém não conhece *Pretty Little Liars* (PLL)? Deus, essa série é maratonável com certeza. PLL é aquele tipo de série que você vê até colocar palitinho nos olhos, e ela é cheia de suspense e mistério.

A cidade de Rosewood é uma daquelas cidades americanas muito calmas, mas se torna palco para muita bizarrice que ronda a vida das amigas Spencer, Hanna, Aria, Emily e Alison, a que desaparece. A série começa com as amigas conversando em um celeiro; de repente, elas adormecem e quando acordam veem que Alison não está mais lá, assim ela é dada como desaparecida. Depois desse evento, as amigas não se falam e Aria vai passar um ano fora com a família. Quando ela volta, as amigas começam a receber mensagens ameaçadoras de um anônimo.

Eu adoro esta série, porque ela mostra uma relação de amizade que é desfeita, mas depois retorna e se mantém por algo sinistro que aconteceu no passado. Mostra que as aparências enganam muito, que a calma de uma cidade pequena é apenas aparente e que a essência humana pode ser má. Acho muito legal essa questão da aparência, porque nos faz parar e pensar um pouquinho como as nossas vidas estão hoje em dia com as redes sociais, cheias de aparências. Ai, gente, falei profundamente agora!

Vamos voltar para a diversão, gosto muito de *Scream* também. A série que foi baseada naquele filme *Pânico*, dos anos noventa. É bem legal, porque te deixa tensa do início ao fim.

É isso, eu adoro séries e filmes com temática de mistério, suspense ou algo que tenha representatividade, e os desenhos animados, que são a minha paixão.

# Música

**Gosto tanto de música** que nem dá para falar de uma por uma. Vou jogar aqui as que mais gosto, uma mistura de gringas, uns raps nacionais e uns funks pesados.

1. **IDFC** - Blackbear
2. **Midnight Moon** - Oh Wonder

3. **Double Trouble** - MIA
4. **Ride** - Twenty One Pilots
5. **Bad Ideas** - Alle Farben
6. **Reminder** - The Weeknd
7. **Closer** - Nick Jonas
8. **Scars to Your Beautiful** - Alessia Cara
9. **O Vento** - Projota
10. **O Vagabudo e a Dama** - Oriente
11. **Ele pensa que me engana** - Pulse 011
12. **Vida Longa, Mundo Pequeno** - Oriente
13. **Esquiva da Esgrima** - Criolo
14. **Não Existe Amor em SP** - Criolo
15. **Vasilhame** - Criolo
16. **Ressaca** - Haikaiss
17. **Foi Bom Demais** - Projota
18. **Partiu** - Mc Kekel
19. **Agora Virei Puta** - Gaiola das Popozudas

Além das músicas que falei acima, gosto de todas, e não estou exagerando, as músicas do The Weeknd, Lana del Rey, Oh Wonder e Caetano Veloso.

É isso aí, gente, fiz uma mistura de algumas músicas e gêneros. Do Ed, eu gosto de tudo, assim como da Anavitória. Então, nem dá para fazer lista.

© TIAGO ZANI

# O que é o que é: uma romena que trabalha para a prefeitura de Paris?

## ISSO, MINHAS VIAGENS

**Não tem como eu escrever** um livro sem falar sobre viajar. Simplesmente, não tem. Tudo começa quando você tem pais separados e um deles mora em um estado diferente. Já é certo que vai ter andança.

Fora essas viagens que a gente sonha desde sempre em fazer, no meu caso, por exemplo, eu sou apaixonada pela Disney, então tudo que eu queria era ir para lá, e fui. O louco de lá é que é tudo muito perfeito. Você não encontra um erro. Cada apresentação, cada brinquedo, tudo supera as expectativas altas dos fãs.

A primeira vez que eu fui para lá, eu tinha só três anos. Então, não lembro bem o que houve. Foi uma viagem em família. Levei uma picada de formiga, e eu tenho muita alergia a inseto. Então, quase morri. Minha mãe ficou desesperada e a viagem foi meio... assim, ruim mesmo.

Aos dez, eu voltei para lá e todo o parque era uma coisa sensacional. Não sei se é uma coisa geracional, mas a Disney estava em todos os cantos da minha infância, desde as princesas, que eram retratadas de uma forma meio esquisita, mas que hoje mudaram muito em proposta, até os bichos mais estranhos e amáveis do mundo.

Lembro bem que minhas coisas e desenhos preferidos sempre tinham alguma coisa relacionada à Disney, e é natural, o tempo todo rolava na TV.

A Disney não é só um parque, tem, acho, que quatro parques temáticos e, dentro deles, outras atrações. Então, quando você chega, tem o Mickey e aquele castelo te recepcionando, além dos personagens mais conhecidos, isso tudo no parque Magic Kingdom. Sério, se vocês forem, esse parque é o clássico dos clássicos, precisam ir.

Quando você vai passando pela praça, os personagens aparecem para que as pessoas tirem fotos. O Pateta pode tropeçar em você. Também tem a magia de tropeçar na Branca de Neve, no Capitão Gancho, na Alice... Não tem igual.

Tem outros parques que dizem que são mais voltados ao público adulto, tem montanha-russa e coisas do tipo. Coisas que não encaro e que estão na minha lista do que fazer antes de morrer, como escrever um livro, plantar uma árvore, ter um filho e, por último e não menos importante, andar na montanha-russa de *looping* na Disney.

Nessa viagem, quando eu tinha dez anos, algumas coisas aconteceram também, porque senão não seria eu. Eu vi um Stitch que jorrava água. Achei aquilo bizarramente fascinante, a ponto de me perder da minha mãe e ela surtar muito. Nesse dia, brilhei como uma famosa, pois Orlando inteiro soube meu nome, tamanho o desespero da minha mãe. Fui anunciada. Deu tudo certo, galera. Não fui criada por outra família, fui criada pela mulher que anunciou meu nome e está tudo bem hoje em dia.

O ano passado fizeram o Island of Adventure que tem... isso mesmo, a plataforma 9 ¾, da estação King's Cross, e Hogwarts! Então, preciso ir novamente.

Lembro bem que minhas
coisas e desenhos preferidos
sempre tinham alguma coisa
relacionada à Disney

Fora os estúdios da Universal e os melhores filmes, como *Piratas do Caribe.*

Fui criada junto a uma prima minha, a Sofia, o que me fez ser muito apegada a ela. Fazíamos boa parte das coisas juntas, nos interessávamos pelas mesmas coisas... Ela era minha melhor amiga na família. Até que Sofia foi morar na França. Meu mundo caiu, porém fui para Paris. Nos falamos com muita frequência e ela se faz presente até hoje. A minha primeira viagem sozinha foi para a casa dela e a França tem toda uma magia. Eu meio que desbravei a cidade sozinha, porque minha prima estudava e não tinha muito tempo para sair comigo. Foi uma experiência... Consegui ser assaltada na Europa. Esse negócio à mão armada não, mas tem golpe e furto de carteira, sim. E eu, linda, caí no golpe mesmo. Como que eu ia imaginar?

Estava passeando pela Champs-Élysées e resolvi comprar uma touca na Quiksilver. Loja maneira e tudo mais. Saí muito feliz com a bela aquisição e, como estava pela Europa, saí com a bolsa aberta, carteira e celular na mão com toda a tranquilidade do mundo. Uma mulher veio na minha direção com uma prancheta. Fiquei empolgada, porque imaginei que seria finalmente descoberta e viraria uma modelo francesinha, pensei logo em como gastar meu primeiro cachê.

Enfim, achei esquisito ela falar um português tão fluente e ser romena, pois ela dizia que trabalhava na prefeitura. Já nessa altura, meus sonhos e as minhas compras com o cachê já tinham sido acabados e eu estava sendo eu de novo.

Ela disse que precisava de ajuda para a prefeitura colocar rampas para deficientes e que qualquer quantia era válida. Na verdade, ela disse que quaisquer cinco euros eram válidos. Eu, que estava belamente de sacola em punho e carteira na mão, abri a carteira e ela puxou vinte euros dela. A maior esquisitice, aí eu puxei de novo, mas ela disse que iria me dar o troco e me deu. Me deu um belo euro de troco.

Fiquei em cima para ela dar o restante, então o que houve? Ela puxou mais vinte euros da minha carteira. Achei aquilo um absurdo gigante e ainda não tinha me ligado do golpe. Só que a coisa ficou mais louca ainda. Nesse puxa-puxa, apareceu outra mulher, essa portando uma incrível navalha, e começou a abrir e mexer nas minhas coisas.

Fiquei desesperada, não sabia se puxava os quarenta euros, se sentava e chorava ou se estapeava a mulher com a minha mochila. Até que, isso mesmo, não acabou ainda, apareceu uma terceira mulher. Lembra que eu disse que estava com o celular na mão? Pois é, estava, até a terceira criatura puxar o celular, o meu bebê, da minha mão. O Chuck Norris baixou em mim e os anos de judô avançaram o sinal, dei uma rasteira nela sem nem perceber, porque ela estava com o meu celular. Nisso, a outra ficou meio estarrecida e consegui puxar vinte euros da mão dela, os outros vinte acabaram ficando. Foi um empurra-empurra, mas foi.

Balanço total da Champs-Élysées: celular de volta e vinte euros a menos.

Foi em 2015 que fui à França. Chega aqui então para uma retrospectiva em *hashtags* desse ano:

*#ficawwc*
*#blacklivesmatter*
*#election2015*
*#plutoflyby*
*#refugeeswelcome*
*#jesuisparis*
*#jesuischarlie*

Perceberam o erro? Pois é, fui à França quando aconteceram aqueles atentados famosos ao Charlie Hebdo, que é um jornal pequeno francês da dita esquerda satírica, que quer dizer que ele assume a sua vertente política e usa do humor das tirinhas e caricaturas para confrontar a oposição. Ele sempre manteve esse lado político, tanto que é semanal e independente, não tem nenhuma ligação estatal ou com indústrias. E, desde o começo dos anos 2000, quando o Charlie assumiu uma posição contra o fundamentalismo islâmico, ele recebia ameaças. Então, tem uma história muito longa com as críticas e ameaças. Lá para 2006, ele publicou algumas caricaturas de Maomé, fazendo menção a esses fundamentalistas e, claro, criticando com o humor deles. Quando isso aconteceu, eles sofreram mais ameaças ainda e, alguns anos depois, teve até um incêndio na sede deles. Estou falando isso tudo para contextualizar, porque até esse dia eu nem sabia o que era Charlie Hebdo, como a maioria das pessoas que alavancaram a *hashtag Je suis Charlie*.

O jornal ficou famoso, em 2015, depois de publicar uma matéria sobre um escritor francês chamado Michel Houellebecq, que escreveu sobre uma França islâmica no ano de 2022, como se o Estado Islâmico fosse fazer parte da União Europeia em poucos anos. Comprei o jornal e ainda o tenho. Queria entender o que era aquilo e também guardá-lo, já que não é todo dia que passamos por um atentado terrorista, não é mesmo?

O que eu achei? Achei o jornal muito pesado, complicado mesmo. Não pareciam críticas aceitáveis, mas, sim, muita xenofobia com mulçumanos. E pensar também que somos muito hipócritas. Fiquei algum tempo com medo de mulçumanos lá em Paris, uma coisa completamente sem noção.

As coisas não funcionam assim e eu sinto vergonha disso que passou na minha cabeça. Talvez o choque de ter estado tão perto tenha me deixado lesada nessa situação. Guardou toda essa história? Pois é, então logo depois da charge que publicaram em uma reunião de equipe, o prédio foi atacado por terroristas e mais de dez pessoas morreram. Foi uma coisa horrível.

Pois bem, eu estava hospedada na avenida Des Ternes, uma das que desembocam no Arco do Triunfo.

Se acabasse por aí, estava tudo bem, mas eu não tenho nenhuma noção de direção, então realmente não sei como eu consegui andar por lá, mas sei que fui indo, e, até chegar ao metrô, foi difícil. Tudo bem, cheguei ao metrô e já estranhei, porque o que o paulista tem de rápido o francês tem de lento e todo mundo estava muito calmo indo para o vagão. Outro mundo mesmo. Fui em direção à Torre Eiffel, sozinha, um arraso, mulher independente pela Europa. Eu não consegui nada de ajuda, porque francês não ajuda ninguém, já te olha com cara de "sai daqui".

Então, do nada, as pessoas começaram a gritar, sem falar o porquê. Começaram a descer do metrô, e eu achei que algo simples tinha acontecido. Não fiquei no vagão sozinha, mas a cara das pessoas era a pior do mundo. Liguei meu 3g e recebi exatamente um milhão de mensagens que variavam de 220 mil de amigas e 780 mil da minha mãe e avó. Falei para a minha mãe não se preocupar que eu iria para a Torre Eiffel, e eis que surge um clarão em nossas mentes. Onde mais seria o ataque, se não no maior e mais visitado símbolo da França?

Terrível dedução.

Liguei desesperada para Sofia e ela já veio me perguntando se eu estava em casa e dizendo que o colégio tinha cancelado a aula.

Aqui, no Brasil, o cancelamento de aulas se dá por: enchentes, greve dos professores que não recebem salário, zika vírus, entre outros. Lá, foi por atentado terrorista. Fiquei com muito medo e falei para ela que estava na rua, um desespero total. Ela foi me buscar, enquanto isso eu fiquei sentada esperando. Ela me pegou e fomos para casa voando. Foram dois dias de ato terrorista e a cidade estava toda mobilizada.

As outras vezes que fui foram mais legais, fizemos muitas coisas, me perdi, claro, mais de um milhão de vezes, e roubamos uma bicicleta. Bem, espero que a polícia francesa não leia esse livro.

Fui para o Chile esquiar, foi uma das viagens mais legais. Caí com o *snowboard* e fiquei pendurada em um penhasco, me ajudaram e estamos aí.

Adoro esquiar e, uma das vezes que fui para a França, eu e a minha prima, a Sofia, viajamos para a Suíça, e fiz *snowboard* por lá também.

Sempre tem uma história esquisita comigo. Até nas viagens nacionais. Aos nove anos, fui para Fernando de Noronha com a minha mãe. Em um dos passeios, logo depois de ela me contar sobre um cara que tinha morrido por causa de uma raia, eu vi uma e comecei a dar um escândalo sem fim que o salva-vidas teve que entrar para me salvar. Uma cena, galera.

Eu adoro viajar, conhecer as histórias do lugar, ver uma cultura diferente, acredito que tudo isso acrescente muito na gente. Está aqui nos planos uma ida para Nova York com a minha avó este ano. Veremos.

YouTube
Pietra Pinho
CONGRATULATIONS
100,000 Subscribers

# 09

# Amigos youtubers

**No YouTube é mais fácil virar gueto.** Vou explicar... Em vez de ter pega-pega por audiência, igual a canais de TV abertos que ficam checando isso o tempo todo, quando você trata de um assunto e outro youtuber trata também, vocês acabam compartilhando dos mesmos espectadores. Não existe escolha, você pode ver um agora e outro depois. O conteúdo vai estar sempre lá.

Com isso, formamos os nichos virtuais e, por isso, a minha teoria é de que o *rebuceteio* também existe no YouTube.

Eu comecei falando de signos, já até passei um manual para vocês se darem bem pelo resto da vida. Ninguém tem tanto conteúdo em mãos. Usem este livro como um livro sagrado, marquem as partes importantes e nunca o retirem da bolsa.

Voltando... Então, quando cheguei no YouTube falando de signo, eu conheci a Carol Vaz, que também estava meio que começando. Ela tinha o canal Papo Astral, em que ela cumpria sua missão como astróloga,

e fui eu me meter com ela para podermos lançar uma sequência de vídeos sobre signos.

Falamos sobre tudo. Ciúmes, brigas, cantada, mapa astral e um vídeo exclusivo para o signo mais *perfect* do zodíaco, esse mesmo, Sagitário. Essa foi uma das minhas primeiras investidas em vídeos com parceiros.

Os critérios variam. Não tem uma produção por trás vendo quem é o da vez para colarmos no sucesso. Na verdade, eu sempre procurei me associar com pessoas que eu quero estar perto, que produzem conteúdos que eu gosto e que compartilham de ideias parecidas com as minhas. Esse foi o caso simples da minha parceria com a Carol.

E é sempre assim, como o lance de compatibilidade, rola sempre um vídeo no meu canal e outro no canal da pessoa. Assim, gente, tem muito mais conteúdo e às vezes você conhece alguém com temas superafins dos que você assiste de uma maneira bem simples, só acompanhando quem você já gosta. Isso eu acho sensacional.

As melhores coisas são essas parcerias para fazer *TAG*, porque você acaba descobrindo curiosidades, além de rir muito.

A gente se surpreende e se conecta. Isso é importantíssimo nas redes e no mundo.

Assuntos importantes precisam ser sempre lembrados e discutidos. Gravei com o meu amigo que é trans, Matheus Vidal, para que ele pudesse, dentro da perspectiva dele, falar e discutir com gente que às vezes me procura e eu não posso ajudar.

Quando estamos tão à frente, é importante dar espaço, local de fala mesmo.

A minha pauta de sempre são as mulheres lésbicas. E, como vocês podem perceber, eu sempre as priorizo. Tenho muitos vídeos com as meninas do *Two Girls Dyke* (TGD), acredito que seja importante ver com frequência pessoas como elas, que fogem do padrão.

São essas formas de parceria que eu procuro, gente que me agregue e que eu consiga agregar. São as redes. Vai por mim, rede na vida é fundamental. A gente se segura no semelhante.

Assuntos como feminismo eu tratei em outros canais também. Isso aconteceu com a Marina Miranda, minha amiga. Estávamos na balada e esse assunto surgiu como geralmente acontece, sem hora marcada. Marina e eu discutimos sobre a posição da luta, sobre o que ela é. No final, entendemos que tínhamos mais a ver uma com a outra do que o contrário.

Gravei com muita gente já. Com a Imbizita, Victor Meyniel, Becca Pires, que, inclusive, virou uma das minhas melhores amigas... Essa gente bacana.

Teve a Louie Ponto também que, desde sempre, é uma pessoa que eu acompanho e admiro o conteúdo. E aí como vocês bem sabem, meu pai mora em Florianópolis. Quando fui visitá-lo, entrei em contato com ela, nós conversamos e decidimos gravar juntas. A Louie tem um conteúdo um tanto quanto teórico, ela é meio séria, então fizemos uma *TAG* para descontrair. Ela é um amor de pessoa e foi um amor, inclusive, nas respostas. Essa representatividade das mulheres lésbicas no YouTube é incrível, e ela faz parte desse nosso nicho. Nele, produzimos conteúdo sobre questões que não são discutidas pela sociedade. Temos questões diferentes das do padrão heteronormativo e isso sempre é um problema. Estamos trabalhando para melhor atendê-las, companheiras. E vamos conseguindo.

Tem também uma parte meio tensa. As tretas virtuais. Aconteceu uma treta platônica entre eu e a Paula Landucci. Platônica por qual motivo, Pietra?

Veja bem, amor platônico não é aquele que está só na sua cabeça? Pois, então, minha treta com a Paula só estava na minha cabeça.

Brincadeiras à parte, a gente se achava prepotente. Ninguém sabe explicar, ninguém sabe o que acontecia na nossa cabeça. Mas, queridos, atualmente, como podem perceber, nós somos superamigas e está tudo bem. De treta platônica para amizade real. Amadurecer é o nome? Produzimos conteúdo para as mesmas pessoas, somos representantes do mesmo meio, só podemos então nos fortalecer, correto? A amizade começou por causa da Thais Ribeiro que falou comigo, falou com ela, foi fazendo esse meio de campo e a gente de bico sem nenhum motivo. Até que resolvemos falar, e falamos muito, e fomos para a casa dela.

Disso, saiu vídeo para o resto da vida, e ainda sai. Falamos sobre coisas que não se fala o tempo todo. Falamos sobre coisas que fizemos, mulheres que nos atraem e tudo isso é muito novo no YouTube. Então, é sempre divertido. Nutro um carinho bom por ela.

Com a Paula, tive acesso a outras pessoas que também têm canal e, como esse mundo é assim, um eterno *rebuceteio*, nós fizemos vídeos e vídeos.

Teve a Thais, que eu disse para vocês que intermediou esse meu lance com a Paula; teve a Samia, que é superamiga da Paula também. E é uma fortalecendo a outra.

Fora outros portais que participei, como o DRelacionamentos, que produziu um esquete sobre o que as lésbicas estão cansadas de ouvir. E aí, foi uma galera. Fui eu, a Louie e a Jéssica do Canal das Bee. As falas eram as melhores possíveis. Fiz uma sobre roupa, aquele papo de sempre de perguntar por que nos vestimos como homens, e aí eu

© TIAGO ZANI

perguntava por que eles se vestiam como lésbicas. Tinha uma sobre o papel masculino na relação lésbica, também sempre rola a bendita (para não colocar o contrário) da pergunta de quem é o homem da relação, se odiamos homem... Enfim, tudo que a gente suporta desde que o mundo é mundo. E é uma proposta do meu canal também, fazer coisas sérias, assim como bem-humoradas. Se vocês não viram, aconselho muito a ver.

Produzir conteúdo não é só ter ideia e ir fazendo, mas precisamos compreender que redes são necessárias, para todos os nichos.

Esse fortalecimento das minas lésbicas no YouTube acontece muito por essas parcerias que são sempre bem-vistas e agradam o público no geral.

Não é legal ficar incitando coisa ruim entre uma youtuber e outra; nunca é, gente. Melhor *shippar* do que incitar o ódio. Sejam legais ao comentarem essas parcerias.

As experiências dessas minas me fortaleceram muito e sou grata por isso.

V·VII·MMI
need

# 10

## Meus amores

**Eu sou sempre muito intensa,** sempre fui. Pra mim, não existe cinza, tudo é preto ou branco. Foi muito difícil decidir se iria ou não escrever este capítulo, porque as pessoas tendem a entender amor como algo eterno e que se terminou é porque não era o certo, então caímos em uma espiral de negar todas as coisas boas que aquela relação nos trouxe. Só somos guiados a enxergar tudo que deu errado, o quanto a outra pessoa fez coisas ruins e blá-blá-blá.

Para mim, isso não funciona. Gosto de pensar que meus relacionamentos sempre vieram para me agregar algo, independente de terminar ou durar para sempre, que seja eterno enquanto dure.

"Mas, Pietra, por que você está escrevendo tudo isso?", você pode me perguntar. "Você e a Júlia terminaram?", é um outro questionamento que você pode me fazer. E minha resposta vai ser que falei tudo isso porque eu quero falar sobre a Julia, quero falar sobre relações e quero dizer que atualmente estou com a Julia sob a premissa que acredito e já citei acima: que seja eterno enquanto dure.

Julia foi minha primeira namorada, eu a conheci de uma forma totalmente normal, a Becca nos apresentou. Eu tinha acabado de entrar na faculdade e, na minha cabeça de lésbica assumida, jamais cairia no conto da carochinha de me apaixonar por uma hétero, pois é, aconteceu comigo.

Assim que nos conhecemos, rolou aquele interesse da minha parte, afinal uma mina linda ali falando coisas lindas e que me encantavam... Como não se apaixonar? Saímos juntas, tomamos um porre, e, para meu espanto, terminei dormindo na casa dela. Não, não rolou nada, tudo totalmente platônico, infelizmente para mim. Mas, sou muito

esperta, esqueci meu carregador de propósito na casa dela, assim arrumei uma desculpa para reencontrá-la. Acompanhe com atenção, porque lá estava eu vivendo o conto de fadas, a falácia de converter uma hétero em bissexual. Meu plano deu certo, nos encontramos de novo, e de novo, e de novo.

Duas semanas depois, estávamos em uma balada juntas, de porre, alegres, felizes, e eis que sou pedida em namoro. Eu, a pessoa que teve vários rolinhos, várias paixões, que tinha namorado um cara, mas nunca uma mina. Nem preciso dizer qual foi minha resposta, porque você deve saber que estamos juntas e que, até o momento que escrevi este livro, estamos bem.

"Ai, Pietra, que lindo, tomara que vocês fiquem juntas pra sempre, shippo vocês horrores". Calma lá, lembra a política do "seja eterno enquanto dure"? A Júlia é minha primeira namorada, meu primeiro amor, ela é e sempre será importante para mim, independente de onde a vida nos leve, juntas ou separadas. Então, daqui eu aproveito e puxo para um assunto que tem tudo a ver com relacionamentos: Instagram!

Como você deve saber, costumo postar muitas fotos minhas com a minha namorada, stories, momentos felizes. Isso pode passar a ilusão de que somos perfeitas, de que não brigamos, de que não entramos em conflitos e de que também não precisamos trabalhar para fazer as pazes. Sinto muito estourar sua bolha, mas tudo isso acontece com a gente, porque somos um casal normal, assim como qualquer outro.

Algo que me preocupa muito atualmente sobre relacionamentos é o quanto as pessoas se iludem com as redes sociais e tendem a achar que tudo é perfeito, que aqueles momentos de felicidade congelados em uma imagem são eternos; que porque um casal aparece sempre sorrindo não existe dentro das relações lésbicas abuso e ciúmes e

brigas excessivas. Afinal, são duas minas, assédio moral, psicológico ou físico não pode existir, certo? ERRADO!

O que mais se vê dentro do universo lésbico são relacionamentos abusivos que são retratados como perfeitos. Acho importante isso ser discutido dentro deste capítulo, porque minha atual relação não sofre nenhum desses tipos de assédios, mas eu já vi acontecer muito, com pessoas próximas a mim ou apenas conhecidas. E eu queria dizer que: amor não é sofrer, não é se machucar para fazer o outro sorrir; não é abandonar as amigas porque sua mina não gosta delas; não é ser agredida porque a pessoa ficou com ciúmes por algo que você fez.

Amor é se doar e receber a mesma dose de doação do outro. É ultrapassar as barreiras juntos e entender que sem respeito não se chega a lugar nenhum, a não ser no sofrimento.

Amar é lindo, é maravilhoso, delicioso. E o amor lésbico tem tudo para ser lindo, portanto, não aceite algo feio que te faz mal. Procure, ache, ame e lembre-se: "que seja eterno enquanto dure".

# Uma lista para saber se a sua vida é estranha

Na minha vida, nada é normal e ainda piora em algumas situações. E eu preciso sempre compartilhar com vocês, para que vocês saibam quão esquisita a minha vida é. Falei quase tudo para vocês.

**Então, aqui vão mais algumas coisas:**

01. A primeira das várias curiosidades da minha vida louca seria: eu dormia com a minha avó até os doze anos. Como vocês sabem, eu e minha avó sempre tivemos uma relação maravilhosa e muito próxima, por isso me sinto à vontade em dizer que dormia com ela até essa idade.

02. Eu usei chupeta até os sete anos de idade... Isso não é legal, pois sempre rolam problemas odontológicos e de dicção também.

03. Eu fiz minha amiga desmaiar. Sério, estávamos fazendo uma brincadeira que não sei se vai ser fácil de colocar em palavras, era o seguinte: a pessoa abaixa e levanta muito rápido com os braços cruzados e o amigo do lado faz tipo uma massagem cardíaca na pessoa. Quando fiz isso, a minha amiga levantou e estava tudo bem, mas depois, de repente, ela caiu muito rápido e começou a se debater no chão. Fiquei muito desesperada. Não façam isso em casa. Era uma parada de internet que todo mundo estava fazendo na época. Pensando bem hoje em dia: foi assustador.

04. Eu não sei arrotar. Às vezes, penso: poxa, que bom, porque arrotar é nojento. Mas, vez ou outra, me causa um certo mal-estar não conseguir, enfim. Detalhes nojentos e sórdidos sobre o funcionamento do meu corpo.

05. Eu adoro jogar War. Para quem não conhece, o jogo se resume a um mapa-múndi gigante, em que você coloca os seus exércitos, para alcançar os objetivos que são sorteados no início do jogo. Você declara guerra aos oponentes e a guerra é feita por meio dos dados. Conquistar continentes e traçar estratégias são coisas legais pra caramba. Recomendo.

06. Eu já esquiei três vezes. Como já surfo desde pequena, nunca tive grande dificuldade para me equilibrar no esqui. Falei para vocês do *snowboard* já, lembram?

07. Prendi a minha língua no congelador, gente, quem nunca?

08. Já tive a ideia genial de me colar em um banco com aquela cola que cola tudo, sabe? Consegui e para sair do banco foi uma dificuldade. Estava testando o poder da cola, como se fosse um piloto de testes. Sério, deveria ter ganhado dinheiro da empresa por me dispor a fazer isso.

09. Eu desde pequena amo dinossauros. Filmes sobre o assunto, como a franquia *Jurassic Park*... Vi todos.

10. Eu não gosto de pizza de outros sabores a não ser palmito. Caso a pizza não seja desse sabor, eu não como mesmo.

11. Eu não sei desenhar.

12. Eu amo falar no telefone, sério. Se deixar, fico o dia todo falando no telefone. Esse negócio de mensagem é muito chato. Prefiro esse lance de conversar, é mais intimista.

13. Eu já fiz terapia por causa do The Sims. Teve uma época em que eu estava muito viciada, tinha todas as extensões e tal e comecei a ter medo de que os meu avatares morressem. Daí, comecei a transferir esse medo para a vida real e fiquei com medo de que meus familiares morressem, foi horrível. A partir disso, fui para terapia para entender o que estava acontecendo.

14. Sou compulsiva. Cismei com o Ades de tangerina e tomava isso o dia inteiro.

© TIAGO ZANI

15. Eu amo matérias de Humanas, como, por exemplo, História, Sociologia e Filosofia. Elas são uma paixão.

16. Sou viciada em descongestionantes nasais.

17. Eu tenho rinite, sinusite e bronquite. Tenho muito problema respiratório.

18. Odeio filme romântico. Não gosto mesmo. É um tipo de filme que não me prende a atenção e não me diz nada.

19. Sou irresponsável e desleixada. Não arrumo o meu quarto, muitas vezes não sei onde estão as minhas coisas, porque nunca coloco no mesmo lugar, mas sinto que é uma coisa da minha personalidade. Sou um espírito livre.

20. Não sou pontual, me perco na hora. Não é por mal, mas eu realmente viajo no tempo que tenho para chegar em algum lugar.

21. Eu sou viciada em touca e boné, tenho uma coleção.

22. Eu já apareci no telão do show da Pitty durante a música *Na Sua Estante*. Eu estava aos prantos, sério, chorando muito.

23. Eu quase morri aos quatro anos com uma picada de uma formiga. Eu sou muito alérgica a picada de insetos. Quem é alérgico sabe como é. Se você é alérgico, a formiga vai vir em cima de você.

24. Uma abelha já picou a minha boca. Sério, gente, a minha boca ficou enorme e deformada, foi horrível.

25. Já tive um cabelo muito comprido, no meio das costas mais ou menos.

26. Eu consigo controlar os meus sonhos, é sério. Eu vi alguns vídeos de tutoriais e comecei a praticar. Não é sempre, mas consigo com uma frequência assustadora.

27. Eu me mexo muito quando durmo. Chuto, babo e ronco. Não preciso nem comentar o fato de que falo dormindo também. Para quem não está acostumado, é assustador. Tenho que dar um tutorial antes de dormirem comigo.

28. Eu só consigo dormir depois de tomar o meu leite com achocolatado.

29. Já tive uma experiência como criança de rua. Quando eu estava viajando com a minha mãe no Rio de Janeiro, nós estávamos perto de uma banca de jornal onde tinha uma menina pedindo dinheiro; quando a minha mãe se afastou um pouco por algum motivo, eu fiquei pedindo dinheiro do lado da menina. Eu vi um pouco de perto como a sociedade trata os que estão à margem. As pessoas ignoram, os comerciantes te escorraçam e o adulto que está por trás disso te maltrata.

30. Eu já tive mania com pessoas judias. Tudo que se relacionava a esse povo, eu gostava. Via filme, queria ter amigos judeus. Resumindo, mania de judeu.

31. Eu não me entendo com Matemática. Sério, eu sou muito ruim com esse tipo de raciocínio lógico, não entendo mesmo. Prefiro disciplinas da área de Humanas.

32. Eu nunca me mudei de casa. Eu moro nessa casa desde sempre. Já morei em SP, mas, desde que vim aqui para o interior, nunca mais saí daqui até ir para a faculdade.

33. Eu nunca assisti *Titanic*. Nunca tive curiosidade pelo filme, sério.

34. Esta é uma das melhores curiosidades. Eu já coloquei fogo na minha casa com a minha amiga, a Rafaela, quando tínhamos uns oito anos. Nós estávamos brincando de panelinha e a Rafa trouxe álcool para acendermos o fogo de uma maneira bem legal. Resultado? Menos algumas panelinhas, minha mãe desesperada e os bombeiros.

35. Quando eu era pequena, os meus brinquedos favoritos eram todos os tipos de bichinhos pequenos.

36. Tenho tique com a minha franja, vocês já devem ter notado nos meus vídeos. Não paro de mexer no cabelo.

37. Adoro jogar baralho.

38. Já joguei futebol na seleção da cidade. Sério, eu sou muito boa jogando futebol, sempre me destaquei.

39. Eu amo parque de diversão.

40. Eu menstruei aos dezessete anos. Demorei muito para menstruar, graças a Deus.

41. Eu toco um pouco de violão e adoro.

42. Eu reprovei o primeiro ano do ensino médio.

43. Não tenho a menor intimidade com a cozinha, tudo em relação à comida faço muito mal.

44. Não suporto cebola e alho.

45. Eu tenho fobia a mariposa. Não me controlo se ver uma. Corro sem olhar para trás por quilômetros.

46. Eu sou míope. Tenho 0,5 e 0,75 graus.

47. Nunca quebrei nenhuma parte do corpo, apesar de andar de skate, que é um esporte radical, e surfar.

48. Eu falo francês até que bem. Quando fui à Paris, me virei bem.

49. Não tenho religião. Acredito em alguma força maior, no Universo, mas religião não tenho.

50. Sou muito fraca para bebida. Muito mesmo, mas isso não me incomoda, porque não gosto muito de bebida. Cerveja então, não gosto nem do cheiro.

51. Eu não gosto de cachorro.

52. Amo gato e tenho um chamado Pessoa.

53. Eu morro de medo de agulha. Quando preciso tirar sangue ou tomar injeção, alguém tem que me segurar.

54. Eu nunca andei em montanha-russa de *looping*.

55. Já fiz sete anos de judô. Sempre adorei artes marciais.

56. Tenho mania de sereia, E.T. e gnomo.

57. Tenho problema de dicção.

58. Já viajei sozinha para fora do país e foi uma experiência incrível. Viram, né?

59. A minha flexibilidade é péssima.

60. Eu não bebo do copo de outra pessoa sob hipótese alguma. O copo tem que ser meu e só meu.

61. Não gosto de Coca-Cola, mas amo Guaraná.

62. Tenho hiperatividade, dislexia e déficit de atenção. Sou diagnosticada. Esse é um assunto muito sério, só um profissional da área vai te ensinar a lidar bem com essas questões.

63. Li toda a saga *Harry Potter* e adoro. Também li *A Culpa é das Estrelas* e fiquei perplexa por meses.

É isso, gente, espero que vocês tenham gostado de saber um pouco mais de mim. Eu sou como qualquer pessoa, com algumas particularidades, é claro.

Conheça também da **Hoo Editora**:

**Não conte nosso segredo**

*Julie Anne Peters*

**Vale a pena se apaixonar quando você não poderá contar a ninguém?**

Com o namorado dos sonhos, o cargo de Presidente do Conselho Estudantil e a chance de ir para uma Universidade de *Ivy League*, a vida não poderia estar mais perfeita para Holland Jaeger. Ao menos, é o que parece. Até que Ceci Goddard chega na escola e muda tudo. Ceci e Holland têm sentimentos que não conseguem esconder, mas como todos ao redor vão lidar com este novo romance?

Entre intrigas, preconceitos e a não aceitação dos pais, Ceci e Holland lutam para manter-se juntas, mas o amor delas pode não ser tão forte quanto as críticas da sociedade...

**Não conte nosso segredo** é o primeiro livro da autora Best-seller no *New York Times*, que promete emocionar leitores de todas as idades e gêneros.

"*LGBTQ+* ou hétero todos vão se identificar com a emoção que esta história sobre o primeiro amor traz."

**- Kirkus Reviews**

www.hooeditora.com.br